わが人生27

◉元参議院議員、弁護士
千葉景子

宇宙の一瞬をともに生きて

―議員、弁護士、…人間として

神奈川新聞社

2018年11月、旭日大綬章受章を記念して

宇宙の一瞬をともに生きて

——議員、弁護士、…人間として

本書は神奈川新聞「わが人生」欄に2023（令和5）年4月4日から6月30日まで、61回にわたって連載されたものに加筆しました。本文中の内容は、注記のない限り、新聞連載当時のものです。

はじめに

子どものころ夜空の星に興味を持ち、将来は天文学者になりたいと思った。数学が苦手であきらめてしまったが、天文や宇宙への興味をなくしたことはない。ところが職業人生のうち24年間という長い年月を送ったのは、参院議員としてであった。

深く考えないまま38歳で立候補。周囲のおかげで当選し、走りながら考えるようなスタートだった。55年体制が崩壊し日本の政治が大きく動く中、その渦にのみこまれそうになりながらも期数を重ねさせていただき、4期目には民主党政権で法務大臣に就任した。

市井の弁護士に戻って十数年が経つ今も、24年間の議員時代に得た経験や当時結んだ人間関係が私の中で大きな位置を占めている。

人間の一生は宇宙の時間では一瞬だが、その一瞬を私は多くの皆さんとともに濃密に生きてきた。そんな思いを本書の書名に込めた。一瞬だからこそ、人間は愛おしい存在であり、人と人とのご縁は不思議なものだと思う。人はひとりで生きているわけではないし、ひとりで生きられるわけでもない。

夕暮れどきに空を見上げる。何億年もの過去の時間が溶け込んでいる。空が暗くなるにつれ、自分もそこへ同化していくような感覚に包まれる。人間は宇宙の一部なのだ。宇宙から来て、やがて宇宙へ帰る存在なのだ…。

神奈川新聞から「わが人生」連載のお話をいただいたのは2022年の夏、74歳だった。立候補を決めたのが37歳だったから、人生の転機からちょうど同じだけの年月が経っていた。翌23年4月より始まった3カ月間の連載に、多少筆を加えてまとめたものが本書である。ごく普通のサラリーマン家庭に生まれた1人の団塊世代が、周囲の皆さんの「日本をよくしたい」という思いに支えられ、理想と熱意をよりどころに政治の世界で活動した。その過程を追体験していただけたら望外の喜びである。

目次

第一章　少女時代

―ベビーブーム世代の１人として

「執行」の重さは今も

「おはよう！」

私の一日は「千葉景子法律事務所」のドアを開けることで始まる。参院議員時代から事務所として使っている、横浜・関内のビルの一室だ。現在は弁護士として団体や法人の顧問や法律相談を受けるとともに、個人の後見人や保佐人、後見監督人といった業務も務める。また、犯罪や非行から立ち直ろうとする人たちを支える一般社団法人日本更生保護女性連盟の理事長を務めるほか、社会や政治に関する議論の場「トマト塾」を仲間と開いている。

そんな毎日を送っていた２０２２年11月、葉梨康弘法務大臣（当時）の驚くべき発言が報道された。「法務大臣は地味な役職で、ニュースのトップになるのは死刑（執行）のはんこを押したときだけだ」というものだ。ほどなく複数の報道機関からコメントを求められた。理由はおそらく、私がもともと死刑廃止派の議員だったにもかかわらず法務大臣就任後の10年夏に２人の死刑を執行し、しかも執行に立ち会ったこと、そして後日、刑場を報道機関に公開したことからだろう。

葉梨氏の発言内容はある意味、事実である。法務大臣の仕事は人権や刑罰などに関わるもので、確かに普段は目立たない。しかしそこに意味がある。葉梨氏の後任である斎藤健法務大臣は就任早々臨時会見を開いたが、それは刑務官による受刑者への暴行事件が発覚したからだった。つまり法務大臣が「目立つ」のは法務行政において重大な事件等が起きたときだ。法務大臣が目立たない世の中こそ望ましいのだ。

死刑執行により法務大臣がマスメディアで注目されるのも、やはり事実だ。だが死刑は人の命を国家が奪う行為である。執行し立ち会った私は、整然とした制度の中に押し込めても押し込め切れない、生々しいものを感じた。笑いをとるネタになどできるはずがない。

「今の自分には父母、祖父母、さらにその父と母…とどれほどのものが凝縮されているのだろうと考えると、宇宙と一体化するような不思議な気持ちになります」＝2023年、横浜市中区の事務所（撮影＝神奈川新聞社）

死刑制度を廃止する国々が多い中、日本は同制度を維持している。だが日本における死刑執行に関する情報は極端に少ない。私が刑場の公開をしたのは、何らかの情報を提供することで国民の皆さんの間で死刑制

度を巡る議論が進めばと考えたからだ。残念ながら議論は進展しなかったが、葉梨氏の発言と同じ22年11月、３人の死刑囚が「絞首刑は憲法や国際人権規約に違反する残虐な刑罰だ」として執行差し止め等を求めて提訴し、波紋を呼んだ。議論の新たなきっかけになればと願っている。

死刑執行について私の中には今も葛藤がある。この先も背負っていかざるを得ない、重い課題だ。追って本書で述べていくが、まずは人生のスタート地点に戻ってみたい。

灯台守と素封家

母方の祖父母は福島県の人だった。祖父五十嵐勇《いさむ》は若いころ、代用教員をやっていたと聞いた。祖母エミは農家の出身だが本を読むのが好きで、小学校卒業後は生糸検査の技術を習得する訓練所のようなところへ通ったそうだ。祖母と結婚してから祖父は灯台守となり、各地に赴任した。当時、灯台は逓信省灯台局が所管していた。母令子《れいこ》が生まれたときの赴任地は島根県隠岐の島町。その後、鹿児島県枕崎市、山口県の沖家室《おきかむろ》島等を転任した。鹿児島県・吐噶喇《とから》列島の臥蛇《がじゃ》島に「灯台をつくりに」単身赴任していたこともあるそうだ。

昭和の初めごろ、祖父は灯台守を〝卒業〟して横浜の灯台局に勤務することになり、一家は同市保土ケ谷区に落ち着いた。灯台局は今の中区北仲通の横浜第二合同庁舎の裏手、現在は大型ホテルが立つ辺りにあったらしい。

私の両親も結婚するとやがて保土ケ谷区に住まいを持ったので、私にとって母方の祖父母はとても近い存在だった。就学前、母が留守にするときは祖父母宅に預けられた。祖父は菊作りが趣味で、私は祖父が大好きだった。小学生のころ、映画「喜びも悲しみも幾歳

母方の祖母 五十嵐エミと。３歳の七五三のお祝いの記念写真 ＝1951年

母方の祖父 五十嵐勇と、祖父の育てた菊の前で。やはり七五三の日だろう。祖父と同じポーズをとっている ＝1951年

月」（木下恵介監督、1957年）が公開されると、祖父母は2人で何度も見に行っていた。灯台守時代の同僚のことなのか、「誰々がモデルなんだよ」といった話もしていた。自分たち一家のことも投影していたのかもしれない。また、祖父母の親類縁者がときどき福島などから訪ねて来て、わが家にも顔を見せてくれた。後年、私が参院選に出馬すると、入院中だった祖母は「うちの孫が立候補したのでよろしくお願いします」と病院で一生懸命お願いしていたそうだ。

一方、父方である千葉家は、宮城県栗原郡志波姫《しわひめ》村（現 栗原市）で代々の地主だった。私がその本家を初めて訪ねたのは大人になってからだったが、屋敷の周囲に水をたたえた濠が巡らされていて驚いた。祖母きみ代はその三女で、婿を取る形で祖父清野悟樓《せいのごろう》と結婚し、仙台市へ出て居を構えた。

祖父は同県志田郡古川町（現 大崎市）の人で、その父である清野盛は明治期に初代古川町長を務めた。

仙台の祖父母宅の敷地は、もとは千葉本家の所有地だったのだろう、12人きょうだいである父の姉（私の伯母）たちによると、庭にテニスコートのある広大な屋敷だったそうだ。ただし祖父は山っ気のある人で、事業に手を出しては失敗し、祖母は土地や財産を次々と

父方の祖父 千葉悟樓と2歳の私。こちらの写真も祖父と同じポーズで　＝１９５０年

手放す結果となった。本家のほうも、戦後の農地改革により地主ではなくなった。伯母たちはかつての千葉家の栄華をしばしば語り合っていたが、私は何となく反発を覚えていた。

祖父悟樓は私の就学前くらいまで、年に1度ほど

父方の祖母 千葉きみ代。私が生まれる前に亡くなったので会ったことはない

仙台から出てきて、東京近辺に住むおじ・おば宅を滞在して回った。わが家にもふらりと現れるのだが、保土ケ谷駅を降りた後、途中の酒屋さん（私はここの息子さんと今も友達付き合いがある）や魚屋さんで酒や刺し身を勝手に注文しながら来るのである。代金はもちろんわが家持ちだ。商店の人も「千葉さんのおじいさんが来たよ」と心得たものだった。祖父からは「日露戦争に出征して撃たれた弾が体内に残っている」と聞いたのを覚えている。何日間か滞在すると、「じゃあまた」とふらりと帰っていく。真面目な雰囲気の父とは正反対の、風のような人だった。

父のこと、母のこと

「けいやは男の子だから、お膳も違ったしお魚にも尾頭が付いていたのよー」

父方の伯母たちからよく聞かされた話だ。けいやとは父景胤《かげたね》のこと。1915年生まれの父は、姉6人に弟妹5人のいる長男だった（そのため私にはいとこが30人以上いる）。父は、長姉であるやよえ伯母が婿養子を取って家督を継いだ翌年、第7子にして初の男子として生まれた。「胤」の字は千葉家男子の名に用いられるそうで、叔父や千葉姓の従兄弟の名にも使われている。

伯母たちの話にあるように父は長男としてとくに大事にされたが、家督はすでにやよえ伯母が継いでいたため後に分家した。やよえ伯母一家は東京の世田谷に住んでおり、私は子どものころから両親と一緒によく遊びに行った。

伯母たちはかつての千葉家の羽振りの良さを懐かしんだが、父は逆に、ごく普通の暮らしを意識して大切にしていたように思う。私も自分がごく普通の家庭の子であることに肯定的であり、若いころは伯母たちの自慢めいた昔話に「それが何？　私には関係ないでしょ！」と反発を覚えていた。豪傑揃いの伯母たちの前では口に出せなかったが…。

母の兄 五十嵐勇一。私が生まれる前に亡くなったが、一度会ってみたかった　＝1930年代

母令子《れいこ》は22年生まれ。私の祖父が灯台守だった関係で、島根県のいわゆる「隠

岐の島」のうち「島後《どうご》」という島で生まれた。「隠岐の島」は四つの大きな有人島と、約180の小さな島から構成され、四つの有人島のうち最も大きな島が島後である。現在は全域が隠岐の島町となっているが、母が生まれた当時は複数の町村があり、母はそのうちの西郷町で生まれた。

母が楽しそうに何度も話してくれたのは、小学校低学年のころまで住んでいた山口県・沖家室《おきかむろ》島での思い出だ。「兄さんとよく海で魚を取って遊んだの。自分で作った道具を使ってね」「小学校へ行くのに、島の峠道にある墓地を通るのが怖くてね」「大潮になると、海がぶわーって盛り上がってくるのよ」…。

母はよく「沖家室島にまた行ってみたいわね」と言っていたが、かなわなかった。元気なうちに母を連れて行けばよかった、と私も心残りで、いつかぜひ訪ねてみたいと思っている。

灯台守という祖父の職業に影響を受けたのか、母の兄（私の伯父）勇一《ゆういち》は学校（旧制中学だろう）を中退して外国航路の貨物船の船員になった。たまに横浜に帰港するのだが、保土ケ谷の自宅に帰ってこないので、祖母が女学生だった母に「探してきなさい」と命ずることもあったとか。どうやら女性同伴でどこかに泊まり込んでしまうらしく、母は若い

父 千葉景胤、母 令子と　＝1948年、横浜市

娘が足を踏み入れにくい場所にも探しに行ったそうだ。明治生まれの祖母はコーヒーが大好きで、子どものころの私は「おばあさんなのに」と不思議だった。伯父が航海のお土産に持ち帰ったことがあったのかもしれない。

伯父はやがて病気になって船を下り、20代で亡くなった。残された写真を見るとなかなかハンサムで、窮屈な社会から逃れて自由な生き方を求めた人、生まれる時代が早過ぎた人だったように見える。一度会ってみたかったと思う。

戦争の悲劇が父母を結んだ

１人の人間が生まれるには、多くの偶

然の積み重ねがある――。私が時折そんなことを考える理由の一つは、父母の結婚のいきさつだ。

戦争中、母令子には結婚を考える男性がいた。当時大学生だったその男性は出征が決まったとき、「俺は味方の弾よけになるために行くようなものだ。俺が戻らなかったら、千葉と一緒になれ」と母に言い残したそうだ。千葉とは私の父景胤のことである。体が弱かったため召集を免れていた。

その男性と母がどうやって知り合ったのか、男性と父がどういう関係だったのか、私は知らない。父は現在の東北大学、その男性は現在の東京大学で学んだという。推測だが、男性は旧制の宮城県仙台第二中学校（現 同県仙台第二高等学校）で父と同級生だったのではないだろうか。

母の話では、男性は1943年10月に行われた明治神宮外苑での出陣学徒壮行会に参加したそうだ。だが父と同年齢なら当時28歳。あり得なくはないが、母の記憶違いではないかとも思う。

男性は戦死し、44年5月、母は父と結婚した。式は仙台で挙げたが、父の家族や親族にすれば唐突だったのだろう。結婚当初は、「どういう素性の娘なのか」と言わんばかりの目で見られたそうだ。

父母は横浜で新婚生活を始め、父は東京近辺で職に就いたようだ。新居は久保町（横浜市西区）近辺の丘の先端だった。だが、父方の祖母が仙台から訪ねて来て立地を見るや、「ここは危ない。敵機に真っ先に爆撃される。引っ越しなさい」。あわてて引っ越した数日後、本当にその丘は空襲に遭ったそうだ。

自宅近くの丘で（２歳）　＝1950年、横浜市保土ケ谷区

次に住んだのは、母方の祖父母宅に近い保土ケ谷区霞台だった。当時、父は大船だったか戸塚だったかの企業に保土ケ谷から電車通勤していたが、戦争末期で本土は常に攻撃の危険にさらされていた。緊急停止した電車から乗客全員が降り、線路沿いの土手に伏せ

両親と自宅庭で（3歳）＝1952年1月1日

父と横浜・大桟橋にて（4歳）＝1952年

て爆撃を避けたこともあったとか。母からは「焼夷弾ってバラバラと音を立てて降ってくるのよ」と聞いたこともある。私は戦後生まれだが、父母の結婚のいきさつをはじめこうした話を聞くと、自分の存在が戦争と無縁ではないと痛感する。

45年に終戦となり、３年後の48年５月に私は生まれた。やはり保土ケ谷区の霞台だが、戦争中に住んでいた家ではなく、三軒長屋の１軒だった。隣家の息子さんは、後に横浜市議となる坂井忠さんだった。私が参院議員になってから何かでご一緒すると、「俺は景子ちゃんのおしめを替えてやったんだよ」などと冗談を言って周囲を驚かせていたものだ。

母と鎌倉・鶴岡八幡宮にて

幼稚園時代。同じ園に通っていた近所のお友達と（左から２人目）

私は一人っ子として育ったが、生後まもなく亡くなった姉がいた。両親は時折「あの子は美人だったが、おまえはねー」などと笑いながら姉のことを話した。美人薄命ということだろうか。私は「赤ちゃんのときから美人かどうか分かるのかな」「でも子どもって親に似ているはずだよな」などと思っていた。

横浜・山手の外国人墓地にて（５歳）　＝1953年

鉄筋市営住宅の衝撃

母方の祖父母宅とわが家はいずれも保土ケ谷区霞台にあり、徒歩10分ほどの距離だった。祖父母宅の庭の奥は崖を造成したのり面で、戦時中につくった防空壕が残っており、私の幼少期には石炭置き場として使われていた。祖父母は雑種犬を飼っていて、私もかわいがっていた。その犬が首に何かを結わえ付けてもらって、わが家までおつかいに来たこともあった。今思えば半分以上偶然だろうが、子ども心にとても感心した。

１９５３年４月、５歳になる年に幼稚園に入った。戦後の新しい施設や生活様式が次々

幼稚園での親子遠足で訪れた英連邦戦死者墓地で（３列目の右から４人目の子が私、最後列の中ほどに母）＝1953年ごろ、横浜市保土ケ谷区

幼稚園での親子遠足（最前列の右から５人目の子が私、一列はさみその後ろが母）＝1954年、横浜・三溪園

登場した時代で、幼稚園もその一つだった。入園した「セント・メリーの園」は、スペイン人の修道女により同年、保土ケ谷区に開設されたばかりだった（翌年に認可を受け、セント・メリー幼稚園に改称）。

当時わが家は、前述の三軒長屋から一戸建てに引っ越していた。場所は同じ霞台だが少し高台で、周りには小さな子どものいるいわゆる中間層が多かったように思う。近所の母親同士で「今度近所に幼稚園ができるんですって。みんなで入園しましょうよ」といった感じで決めたのではないだろうか。近所の子たちと15分くらい歩いて通園した。園指定のスモックに肩掛けカバン、当時はやったバスケットにお弁当を入れ、楽しく通っていたが、月に1度、「天にましますの…」と聖書の一節を唱和する礼拝はどうも苦手だった。

親子遠足として三溪園に行ったこともある。同園が海に続いていたころだ。

幼稚園では、母にも良い友人たちができた。今でいうママ友である。母を含め何人かの母親たちは生涯を通じて親交を続けていた。

当時の出来事で強烈に覚えているのは、近所に鉄筋コンクリート4階建ての市営住宅2棟が建設されたことだ。4、5歳のころだった。それまで木造平屋の市営住宅があった一角に、ある日クレーンが何本も立ち、見たこともない重機が入って、ガラガラと大きな音を立てながら工事が始まった。建物は上へ上へと高くなっていく。「鉄筋とコンクリートでつくられる建物」を初めて知り、わくわくした。当時は周囲に大きな建造物がなく、丘のどこからでも工事が見えた。完成した２棟は「Ａ」「Ｂ」と書かれていたので「ＡＢアパート」と呼ばれた。「鉄筋コンクリートの家ってすごいなー。住んでみたいなー」と憧れた。屋上には自由に上れたので、そこから富士山を眺めたりもした。

その後「ＡＢアパート」は建て替えられたが、すぐ隣のカトリック保土ケ谷教会（38年建築）は今も同じ姿で立ち、ドラマのロケにもよく使われている。母が言うにはかつて教会の周囲は麦畑だったそうだ。

ところで、やはり私が幼稚園のころだと思うが、父が民間企業から調達庁に転職した。日本に駐留する米軍のための物資や労務を調達することを目的に、総理府の外局として設けられた機関である。父はその後再び転職するが、調達庁が再編されて発足した防衛施設庁は２００７年まで存続していた。

二部制だった小学校

１９５５年４月、開校したばかりの横浜市立桜台小学校（同市保土ケ谷区）に第１期生として入学した。48年生まれの私はベビーブーム世代ど真ん中で、同校は児童数の多かった市立小2校（保土ケ谷小と岩崎小）から分離独立する形でつくられた。2年生から5年生はこの2校から移ってきたが、私の入学時には6年生はいない状態だった。

丘陵地の尾根に位置する敷地は、移転していったばかりの市立桜丘高校の跡地だった。この尾根道が「学園通り」と呼ばれるほど、近辺には学校が多かった。同高の移転先もすぐそばだったし、市立岩崎中学校や、後に県立保健福祉大学（横須賀市）に再編統合された県立栄養短期大学も近くにあった。

桜台小の校舎は、桜丘高校が使っていた木造平屋建て校舎を転用していた。資料によると、同高の移転先の新校舎完成が遅れたため、翌56年3月まで講堂や一部の教室は高校に貸与されて高校生が使っていたそうだ。校内で高校生を見た記憶はないが、私たちが使っていた細長い校舎とは別に、運動場の反対側に2階建ての校舎があったので、そちらにいたのかもしれない。この2階建て校舎は後に小学校に返還されたが、私が高学年のころ、火事で焼失した。徒歩5分ほどのわが家まで火の粉が飛んでくる大事件だった。

私が1～2年生のときの授業は二部制だった。1校新設してもまだ教室が足りないほど、児童数が多かったのである。午前か午後のどちらかだけ行けばいいのがうれしかった。二

開校したばかりの横浜市立桜台小学校の航空写真。運動場の人文字「サクラ台」は児童がつくった。写真上部は戦後に建てられた細長い校舎。プール（左下）と講堂（右下の角）は旧制高等女学校時代につくられた　＝1955年５月

小学校１、２年生のころのクラスでの給食風景

部制時代は給食は出ず、午前の部でも午後の部でも昼食は家で取っていたと思う。

3年生進級と同時に通常授業になり、学校給食を食べるようになった。温かい脱脂粉乳とおかず、パンである。パンは食べきれないと持ち帰らねばならず、欠席した児童がいると、その子の分のパンを近所の子が自宅まで届けるのが決まりであった。栄養が欠如しないようにという国の配慮だったのだろう。

苦手だったという人の多い脱脂粉乳に私は抵抗はなかったが、運動会など行事のある日は脱脂粉乳でなく牛乳が出るのはうれしかった。行事の日には特別にミカンも付いた。おかずで大好きだったのはクジラの竜田揚げ。クジラは当時本当においしいと思っていた。たまに出る、コッペパンを揚げてお砂糖をまぶした揚げパンも大好きだった。

前述の細長い校舎にはバス停一つ分はありそうな長い長い廊下があり、この廊下を雑巾がけするための掃除当番が設けられていた。廊下の端に立つと、もう一方の端はずいぶん遠くに見えた。当番全員でお尻を立てて雑巾がけをした。

ところで、市立桜丘高校の前身は旧制の市立高等女学校で、母令子の母校だった（母は38年卒業）。45年の横浜大空襲で校舎はほとんど焼失したが、講堂は私の時代にも昔のままの姿で使われていた。

桜丘高や桜台小の名前の通り、一帯はかつて桜並木が多く、母が若いころは春になると桜のトンネルができたという。だが、私の小学生時代にはかなり減っていた。移転後の桜丘高校の辺りには当時まだ残っていたけれど、その後車の通行が増え、バス路線でもあったことから、伐採されるなどしてどんどん減り、現在では桜並木と呼べるものはほとんどなくなってしまった。

自由な気風だったわが家

ベビーブーム世代の私たちは、小学校では1クラスに五十数人が詰め込まれていた。先生1人ではとても目が届かない。背が高い方だった私は後ろの席になることが多く、隣の男子とおしゃべりしたり遊んだりしていた（2人掛けの机に男女で座っていた）。ざわざわしていて落ち着かないと思われるかもしれないが、この適当さでクラスはうまくいっていた。学級崩壊などというもののない時代だった。

私の両親も、ああしろこうしろと言わない人たちだった。「お友達が絵を習うから私もやりたい」と言うと習わせてくれ、面白くないしうまくもならないので「やめるー」と言うとやめさせてくれた。ダンスやピアノも習ってはやめたが、何か言われた記憶はない。

どうせ長続きしないと分かっていたのかもしれない。余談だが、ピアノの先生の息子さんは後に外交官になり、議員会館の私の部屋に国際人権について担当課長として説明に来られたことがある。人の縁というものはどこかでつながっているのだと思う。

私が小学校低学年くらいまで、わが家には大学生くらいの若者たちが常に出入りしていた。ご近所の息子さん、その友人、さらにその友人…という感じで、両親は彼らを親戚のように受け入れ、歓談したりお酒を飲んだりしていた。もちろん食事は私も含め皆で一緒。お風呂に入れてもらったり、遊びに連れて行ってもらったりしたこともある。

皆でよくマージャンもしていた。私がメンバーの手牌を見て回り、「鳥がいるねー」と言ったら「しーっ!」とたしなめられたりもした。大みそかも夜までマージャンをし、いったん帰宅して元日の夕方にまたやって来る。子ども心に「うちには遊んでくれる人がいろいろ来るなぁ」とうれしかった。

あるときなど母がその中の1人に「おばさん、一緒にダンスパーティーに行ってくれない? 俺、相手がいないから」と頼まれて、2人で出かけて行った。父は嫌な顔もせず送り出していた。両親はダンスを一緒に習っていたことがあると聞いた。当時はダンスがはやっていたそうで、学生たちのダンスパーティーも開かれていたとか。ペギー葉山さんはそうしたパーティーでジャズの花形歌手だったという。

あのころは若者がたむろできる店や遊興施設が少なく、わが家は格好のたまり場だった。彼らの両親に比べれば私の父母は若く、「年の離れた兄さん、姉さん」みたいな感じだったのかもしれない。とくに母はオープンな性格だったから、居心地が良かったのだと思う。

うちへ集まる若者の中心は前述のように近所の息子さんだったが、私は小学生時代、その人の家で放課後を過ごさせてもらった時期がある。母方の祖父が定年後に事業を始め、母がそれを手伝うようになったからだ。そのお宅のおばあさん（うちへ来る息子さんの母）におやつをもらい、宿題などをして過ごした。

小学校２、３年生のころ。父母とともに横浜市保土ケ谷区の自宅の庭で　＝1956年、57年ごろ

また、ここはご近所で最

小学校の遠足で訪れた三ツ池公園（1957年４月開園）にて（３列目の右から８人目が私、斜め後ろに母）。開園したばかりで、まだ木々が小さい

も早く電話を引いた家で、電話のないわが家はこのお宅に「呼び出し電話」をしてもらっていた。わが家に用がある人はこのお宅に電話をして、取り次いでもらうのである。テレビ購入もご近所で一番早く、人気番組の時間になると近所中が集まり、正座をして皆で一緒にテレビを見た。後に浜松市に転居した息子さんとも、家族ぐるみの付き合いがずっと続いた。

わが家は平屋建てだが部屋数が多かったので、私の部屋の隣に当たる1室を間貸ししてもいた。私が小学校時代は、誰かしらが借りていた。よく覚えているのは、当時は大学生だった市川隆一郎さんで、３年間ほど住んでいた。市川さんはその後、社会福祉の専門家になり、ずっと後年、私が参院議員になってから福祉関係の知人のつながりで再会した。また父方の従兄が仙台から東京の科学技術庁に転職して、間借りしていた時期もあった。

わが家は３人家族だったが、私は周囲にいる多様な人たちから温かいものを肌で受けていた。あのころ、子どもたちは地域の中で育てられていたと思う。

初めてのプラネタリウム

趣味を聞かれると「星を見ること」「天文です」と答えている。最近の言い方で「宙《そら》女《じょ》」と自称することもある。宇宙に興味を持ったきっかけは、東京・渋谷の東急文化会館にあった五島プラネタリウム（１９５７年４月開館）だ。小学校３年生か４年生くらいのとき、父が連れて行ってくれた。開館してまもないころで、話題の施設だったのだろう。

プラネタリウムに行ったのは初めてだった。椅子の背を倒して天井を見るしくみにまず驚いた。場内が暗くなり、半球のスクリーンいっぱいに星空が投影される。圧倒されていると、それらが規則的に動いていく。「星って動いているんだ⁉」。衝撃的だった。

見終わると屋上へ行った。ちょっとした遊園地のようになっていて、ホットドッグを食べた。これも初めての体験で、大いに気に入った。ホットドッグ込みでプラネタリウムにはまり、父と何度か行った。よそゆきの服を着て電車で行く五島プラネタリウムは、特別な場所だった（残念ながら2001年に閉館した）。

星が好きになり、天文雑誌や星座盤を手に「あれが1等星のベガ、あれがすばる」と星を探した。自宅のある横浜・保土ケ谷でも当時は天の川がぼうっと見えた。中学入学時には単純なつくりの天体望遠鏡を買ってもらった。月面の影部分が分かる程度の望遠鏡だったが、「土星の輪が見える！」と大感激した。今見ている星の光は何億年も前の光だと思うと、宇宙の無限や人間の小ささを感じた。将来、天文学者になりたいと思い始めたのもこのころだ。

結局大学は法学部に入ったが、天文への興味は続いた。大学卒業の前後から、アマチュア天体写真家の藤井旭さんの著作を多く読むようになった。どの本からも本当に星が好きなことと温かい人柄が伝わってきた。藤井さんは、愛犬チロが天文台長を務める私設天文台「白河天体観測所」を福島県につくり、天文ファンを集めて観測会を開くなどの活動も行っていた。藤井さんが描くチロのイラストがかわいくて、「チロに会いに白河に行きたいな～」と思っていたものだ。最近も『新版 月と暮らす。月を知り、月のリズムで』（誠文堂新光社、２０１９年）を見つけて読んだところだったが、22年12月、藤井さんの逝去を報道で知った。きっと天国でチロと再会しているだろうと想像している。

議員１期目の時には天体望遠鏡メーカーであるミード社の代理店社長と知り合い、本格的なシュミットカセグレン式天体望遠鏡を購入。だが口径20センチの大型だったので使いこなせず、同社の小型のものに買い直した。現在は３台目となる同社の望遠鏡を愛用中だ。

五島プラネタリウムのドームが突き出る東急文化会館の屋上で　＝1957、58年ごろ、東京都渋谷区

衆院議員だった与謝野馨さんも同社の望遠鏡愛用者だと耳にしたことがあったが、当時の私には雲の上の人。天文の話などできなかったのは残念である。

「月刊天文ガイド」「月刊星ナビ」といった専門雑誌の取材を受けたこともある。天文雑誌を熱心に読んでいた時期もあったので、自分が出られるなんてうれしかった。また、「五島プラネタリウム星の会」の会員有志が中心となって五島プラネタリウム閉館後に発足した「渋谷星の会」では、恐れ多くも名誉会長にしていただいた。

同会の中心メンバーの小川誠治さんは川崎市の自宅に個人天文台を設けており、同会の観測会で何度もおじゃましている。天文台の名は「オーロラ天文台」。小川さんはオーロラ観測が大好きで、米国アラスカ州やカナダを何度も観測に訪れている。本書の表紙カバーのオーロラの写真は、小川さんが２００２年12月にアラスカで撮影したものだ。２００３年２月１日の朝日新聞夕刊にも掲載されたほか、私の議員時代のリーフレットにも使わせていただいた。手前の民家とオーロラの組み合わせ、そしてオーロラの色合いが幻想的だ。小川さんの天文写真の腕前は素晴らしく、オーロラ以外にも彗星や流星、日食などの写真が多く新聞等に掲載されている。本書表紙カバー袖の写真も小川さんの撮影で、２００２年３月の土星食の一場面だ。月に隠された土星が出てきたところである。

今も折に触れ夜空を見上げる。宇宙の時間では人間の一生は一瞬だ。なのになぜ人は争うのだろう。そんなことをとりとめなく考える。

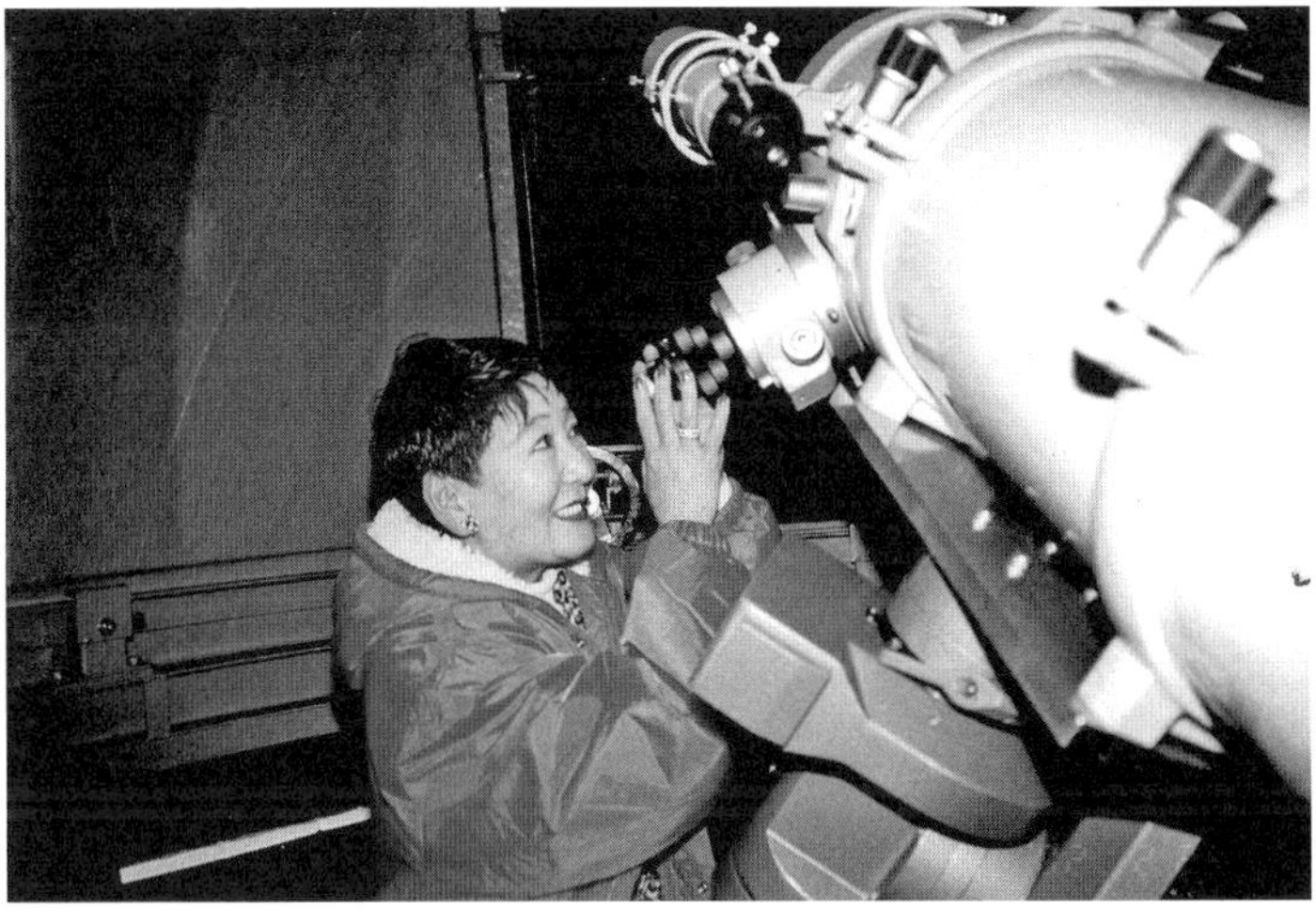

初めてオーロラ天文台を訪問したとき。この晩は残念ながら曇っていてよく観測できなかった　＝2002年３月、川崎市

数回目の訪問でやっと快晴に恵まれ月面を観測できた。（右）小川さん（右端）と観測　（左）観測後、「今夜の月は美しかった…。ウサギははずかしくて隠れていたようです」と書いた色紙を手に　＝2007年12月、川崎市
（このページの写真３点はいずれも小川誠治さん提供）

先生に欠席癖を叱られて

小学校4年生くらいのころ、学校を頻繁に欠席するようになった。体調が悪いわけでも学校で嫌なことがあったわけでもない。「行くのが面倒くさい」「気分が乗らない」。そんな理由で、数日間欠席しては登校することを繰り返した。一種の不登校である。当時の私は成績は悪くなかったし、学級委員をやるような「いい子」だったから、先生に叱られたことはほとんどなかった。少々のことは大目に見てもらえるとたかをくくっていた。親も「しょうがないね」と言う程度だった。

担任は平本夏生《なつお》先生という、若く熱意に満ちた女性の先生だった。ある日、例によって何日間かの欠席の後で登校すると、平本先生に「こんなことを続けるなら、あなたには点数がつけられません」とビシッと言われた。通信簿の評定ができないという意味だろう。大人から厳しく諌められたのは初めてだった。私は目が覚めたようにはっとして「甘えていてはいけないんだ」と思った半面、「先生にそんなことを言われる筋合いはない」と反発も覚えた。今思えば、平本先生の「愛のむち」だったのに…。それでも翌日から多少億劫でも登校するようになり、「家にこもっているより学校に行く方が楽しいな」と思うようになった。

小５の時にクラスで開かれたクリスマス会で（手前の列の左端）　＝1959年

おそらくこのことがきっかけで、私は「やれるのにやらない」という行動をとらなくなった。また、できることが目の前にあるなら放置せず、「まずはやってみる」という姿勢も身に付いたように思う。

平本先生は３・４年生時の担任だった。現在の横浜市瀬谷区に住んでいて、クラスの友人たちと遊びに行ったこともある。保土ケ谷から子どもだけで相鉄線に乗って行くのは、ちょっとした冒険気分だった。そして私たちが卒業する年だったか、同じ小学校に勤める大村高先生と結婚したので、みんなでびっくりした。

後年、参院議員になってから大村先生と偶然再会した。先生はある市議会議員の後援会長をしていたのだ。その後、平本先生にもお会いしたら、「景子ちゃん、久しぶり。こんなふうに再会するなんて不思議だねー」と喜んでくれた。

ところで、小学校2、3年生のころだったと思うが、父が単身赴任になった。調達庁から日本原子力研究所（現 日本原子力研究開発機構原子力科学研究所）へ転職したのだ。といっても研究職ではなく事務方である。当初は茨城県水戸市に、やがて同県東海村に同研究所の東海研究所ができると同村に赴任した。

1957年8月、東海研究所で日本初の原子炉JRR－1が臨界状態を達成した。小学3年生だった私は喜び勇んで東海村に父を訪ね、同研究所の「JRR－1」という看板の前で写真を撮った。当時の私には「原子力」は未来や科学そのものであり、「ジェーアールアールワン」とすらすら言えるくらい無邪気にそれを信じていた。原子力研究や原発の抱える問題を知り、父の勤務先に複雑な思いを持つのは、高校生の後半になってからのことだ。

母と通った宝塚歌劇

わが家のご近所に、フェリス女学院から宝塚音楽学校に入った人がいた。すらっとしたすてきなお姉さんで、小さいころからバレエを習っていた。私より4歳か5歳上だが、母

６年生のときの仲良し６人組で、私の12歳の誕生日に(右から２人目)。６人で一緒にいると、男子から恐れられた　=1960年５月

親同士が小学校のＰＴＡか何かで親しかったようで、ある日、母が興奮気味に「今度、宝塚に入るんだって」と教えてくれた。

数年後、その人が「大海竜子《おおみりゅうこ》」の芸名で舞台に出るようになると、母と２人で東京宝塚劇場に観劇に行くようになった。母の世代は女学生の間で宝塚歌劇はかなり人気が高かったそうで、「春日野八千代さん（宝塚の男役スター）が横浜に来たことがあってね、それはもう格好よかったわよー」という話も聞かされた。

やがて大海さんはプログラムに名前が役名とともに載るようになり、私と母は「どこにいる?」「あっ、あそこよ」とわ

議員時代、松あきらさんとは視察などでもご一緒する機会がしばしばあった（左端が松さん、その隣が私）　＝1998年、米国・ボストン

くわくして舞台上を探した。憧れのトップスターの話を大海さんがあれこれ教えてくれるのも楽しかった。私も母と同じくらい宝塚歌劇が好きになった。他の劇場に行ったことがなかったから、同劇場と宝塚大劇場（兵庫県）に特有の「銀橋」（舞台の前面にある通路のようなステージ）はどの劇場にもあるものだと長年思い込んでいた。

大海さんの退団後は宝塚観劇から離れてしまったが、議員時代に宝塚歌劇出身の参院議員とご一緒すると、内心うれしかった。例えば但馬久美さん（比例区）とは一緒に海外視察に行ったし、松あきらさんは私と同じ神奈川選挙区選出なので、地元の会合などで話をする機会が多かった。退団後にバレエ教室などを開いた大海さんもそうだが、元タカラジェンヌは何歳になっても立ち姿が違うのだ。ちょっぴり悔しい。

近年たまたまテレビで宝塚歌劇の公演を見て、総合エンターテインメントとしての質の高さにびっくりした。また「ロケット（ラインダンス）」の見事さに驚いた。かつては、松竹歌劇団（ＳＫＤ）に比べると動きも脚の長さも少々見劣りしたが、見違えるほど素晴らしくなっている。衝撃を受け、早速ブルーレイやＤＶＤを購入した。２０２３年からは劇場に久しぶりに足を運ぶようになった。

ところで、近所には後に囲碁のプロ棋士になった石倉昇さんもいて、幼少期から遠方の囲碁道場に通っていて有名だった。東大卒業後に銀行マンを経てプロになった人である。コラムニストの青木雨彦さんの自宅も近かった。往年の名女優である原節子さんの実家が近くにあると聞いたこともあるが、ほとんど神話のレベルで、真偽は不明である。

中学校に補欠で合格

１９５９年に小学校５年生に進級したころから、日曜日になると友達と地元保土ケ谷から電車で模擬試験を受けに行くようになった。日ノ出町（横浜市中区）に山手英学院という予備校があり、中学受験のための公開模擬試験を主催していたのだ。「山手の模擬試験を受けに行く」のは仲間内で一種のブームだった。ちなみに山手英学院は、現在の山手学院中学校・高校の前身だそうだ。

やがて一緒に模試に行く友達全員が受験するというので、「じゃあ私も」とその気になった。親たちも、ＰＴＡ活動などを通して仲が良かったので情報交換などするうちに、中学受験をするのが当然のような雰囲気ができていったようだ。

当時から男子校なら栄光や聖光、浅野、女子校ならフェリスや共立、横浜雙葉といった学校が人気があった。私は「女子校でなく共学がいいな」と思っていた。だが当時、私の中学受験の対象となる横浜やその近隣の学校で共学なのは、国立大の付属中学くらいだった。そこで横浜国立大学学芸学部附属横浜中学校（現　同大学教育学部附属横浜中学校）を受けることにした。

ただ気になったのは、かつて同附属横浜小学校を受験して抽選で不合格になった経験があったことだ。このときの受験は親が何となく受けさせたもので、不合格のこともすっかり忘れていたのだが、同附属横浜中学校を受験することになって「そういえば」と思い出したのだ…。親からは受験や受験校についてとくに要望などはなく、「附属もいいね」といった感じだった。例によって「やりたいようにやればいい」というスタンスだ。

受験する子はほとんど私立の男子校か女子校を受け、同じ小学校から同附属横浜中学校を受ける子はいなかったと思う。同校は当時、同附属横浜小とともに中区立野にあった（81年に中学校は南区大岡に移転）。受験当日は母が付き添ってくれた。

学科試験は合格した。ところが当時は２次選考として抽選があり、私はまたも外れてしまった。そして「補欠合格者」として、入学辞退者が出るのを待つことになった。補欠順位は十数番目…。私がよほど暗い顔をしていたのだろう、数日後、母が「ちょっと問い合わせてみましょうね」と学校に電話をかけてくれた。

私は半ば諦めていたが、

中学１年生の体育祭で。クラスメートや担任の小松田先生と（左端）　＝1961年

母はその後も「まだでしょうか」「どうでしょうか」と何度も問い合わせてくれたようだ。ある日電話を切った母が、「大丈夫だそうよ！　あと1人か2人で順番が回って来るって」と笑顔で教えてくれた。

入学後、添田定夫教頭先生と社会科の河地安彦先生に「おまえのお母さんから何度も問い合わせがあって参ったよ」と冗談交じりに言われ、母がそんなに一生懸命になってくれていたことを知った。

こんな経緯もあって、中学校は自分で選択して手に入れた実感があった。制服がブレザーなのも気に入った。セーラー服はいかにも女子っぽくて嫌だったのだ。制服を着て、市電で通う生活が始まった。

大人びていた附属生

1961年に入学した横浜国大の附属横浜中学校は当時中区立野にあり、私は4番系統の市電で通った。「保土ケ谷橋」で乗って、桜木町を経由し麦田のトンネルを抜けた「大和町」で降りる。市電は毎朝、桜木町で渋滞した。各方面からの路線が桜木町に集まるが、レールは上下1本ずつなので追い越しができず、車体がずらっと数珠つなぎになってしまうのだ。4番系統は山手近辺の学校に通う生徒が多く乗っていて、制服を見て「聖光学院の人だ」とちょっぴりときめいたりもした。

降りると、細い山道を7、8分かけて上っていく。途中に小さな牧場があり、乳牛が何頭か飼われていた。現在はＪＲ根岸線の「山手」が最寄り駅だが、同線が桜木町から磯子まで延伸開業するのは64年5月。私が同校を卒業した2カ月後である。

美術教師でもあった添田定夫教頭先生のアトリエも、丘の途中にあった。後で知ったが、「ハマ展」を主催する横浜美術協会に所属する著名な画家でもあった。後年私が参院議員に立候補すると、「いろいろなところに挨拶に行くといい」と美術関係の団体をいくつも紹介してくださった。添田先生とともに入学前、母の問い合わせに対応してくれた河地安

中学１年生の時の宿泊学習「夏期集落」で、担任の小松田先生をクラスメートと囲んで（左端）＝1961年、箱根

彦先生はさすが社会科の先生だけあって、政治の世界に入った私に何かと助言してくれた。
同校は1クラス約50人で1学年2クラス。全校約300人の小規模校だった。自然に全校生徒と顔見知りになり、1学年上に竹田令二さんという人がいるのも知っていた。25年後、彼の父である社会党参院議員・竹田四郎さんの後継者に私がなるなんて、もちろん夢にも思わなかった。

生徒たちはなぜか大人びた態度だった。私も入学後はいっぱしの顔をするようになった。附属小から内部進学した子も、私のように外部から入学した子も、皆そんな顔だった。先生の側も生徒を一人の個人として対等に扱ってくれた。教師の傍ら研究者や芸術家として活動していた先生も多かった。一方的に教えるのではなく、生徒とともに学ぶ姿勢が伝わってきた。生徒は先生方にニックネームを付けていた。岡野金ノ助先生はオカキン、添田先生はソエマンという具合だ。相模原市城山にお住まいの数学の寺田誠一先生には、当地へ出向いた際、今もお目にかかる機会があるのがうれしい。

部活動はバドミントン部と化学部に入ったが、どちらもそれほど熱心に取り組んだ記憶はない。

ある年の文化祭でクラスで演劇を上演することになり、演出を担当した。舞台に立つのは恥ずかしいし、大道具や照明は大変そう、という消去法による選択だった。演出担当はすでに男子が１人決まっていて、彼と仕事をしたいという不純な動機もあった。演出とは何なのか分かっていないので、演出担当の彼が「今のはよくないな」とだめ出しをすれば「うん、そうだね」と相槌を打つ程度。何の演目だったかも覚えていない。

１年生か2年生のとき、校外学習のような形でトマトの植え付けに行ったことがある。現在県立光陵高校のある場所で、当時は国大の学芸学部（現　教育学部）の農場になっていた。その前は神奈川青年師範学校があったらしい。国大の学生に手伝ってもらいながら苗を植えた。次に行くのは何カ月か後で、実ったトマトを収穫するのである。その間の経過こそ、大事な学習だと思うのだが…。あの植え付けはいまだに謎である。国大生の教育実習的な意味合いがあったのかもしれない。

校外学習と言えば、1年生・2年生時に箱根で「夏期集落」という宿泊行事が行われた。1年生のときには仙石原の旅館に2泊、姥子のバンガローに1泊した。2年生のときはその逆だったと思う。バンガローに泊まったのは初めての体験だった。３～４人ずつで泊まり、飯盒炊爨をした。乙女峠や神山へも登った。

３年生のときは伊勢、奈良、京都へ修学旅行に行った。新幹線のない時代で、普通列車の夜行で行った。寝台列車ではなく、4人掛けボックスシートの普通車だ。奈良の薬師寺でガイドをしてくれたお坊さんが、有名な高田好胤さんだったと後で知った。京都では夜の自由時間に、わくわく半分、おそるおそる半分で祇園近くの繁華街へ繰り出した。関西に行ったのは初めてだった。古都はいいなあと思った。京都は大人になってから何度も、時には一人でふらりと訪ねている。

憧れのLPレコード

中学時代は洋画の面白さを知った時期でもある。きっかけは「ウエスト・サイド物語」(日本公開は1961年)だ。封切館で見た後で二番館にも行き、計3回見た。とにかく衝撃的だった。ダンスシーンや歌が見事で、今までにない新しさ。アメリカ文化ってこういうものか！　と心が躍った。

当時は二番館があちこちにあった。私がよく行ったのは東横線・白楽駅近くの「白鳥座」だ。そばに「紅座」という二番館もあった。保土ケ谷区の天王町には「ライオン座」という映画館があり、小学校の貸切で教育映画を見た記憶がある。

「ウエスト・サイド物語」の劇中曲を聴きたくてサウンドトラックのレコードを買った。

それがきっかけで、レコード鑑賞も好きになった。街で流れるポップスや、父が聴いていたクラシックなどである。「カラヤンのあの録音が欲しい」と生意気に思ったりもした。

買いに行くのは横浜駅近くにあったレコード店だ。当時、相鉄線横浜駅は線路が1階に乗り入れていて、私が小学校低学年のころ、その線路と平行に細長いアーケード商店街「横浜駅名品街」ができた。現在の相鉄ジョイナスの一部である。同時に高島屋ストア（後に横浜高島屋）もできて、びっくりした。それまでの西口一帯はだだっ広いだけで、大きな建物は岩崎学園の横浜洋裁学院（現 横浜fカレッジ）くらい。同学院ができたとき近隣の商店主が「岩崎さん、気は確かか！」と驚愕したというほど（私は大人たちのうわさ話で

中学３年生のとき、関西への修学旅行に向かう夜行列車内で（一番手前）。夜はボックス席に板を渡して足を伸ばした　＝1963年

知った）、何もなかったからだ。

横浜駅名品街は両側にぎっしりとさまざまな店舗が並ぶぴかぴかのエリアで、レコード店はその一番奥、今の五番街方面へ出る手前にあった。小遣いを1年間地道にためて、そこへLPレコード2、3枚を買いに行くのが中学時代の私の1年の目標であった。

名品街には、レコード店と逆の入り口近くに「水信《みずのぶ》」があり、1階は果物の小売店、2階がフルーツパーラーだった。小学生のころから「このパーラーでフルーツポンチを食べてみたい」と熱望していたが、その機会はついに訪れなかった。今の水信はジョイナス1階の中ほどにあり、私は折々に果物を買いに立ち寄る。

にぎやかになっていく横浜駅西口に比べ、東口は昭和初期に建築された駅舎が海を向いて立っているだけだった。資料によると横浜駅名品街ができる前年に崎陽軒の「シウマイショップ」ビルが建設されているが、私には記憶がない。駅ホームで赤いチャイナドレス様の服装をした崎陽軒の「シウマイ娘」が手提げかごにシウマイを入れて販売していたのは覚えている。

中学校時代は、主体性や自立心が培われた濃密な3年間だった。ただ、生徒会長や学級委員長は男子、副会長や副委員長は女子というのが通例だった。当時は「性別役割分業」

なんて意識したこともなかったし、社会的にも問題視されていなかった。今は、どの共学校にも女子の生徒会長や委員長が普通にいる。この間の女性たちのさまざまな取り組みを改めて思う。

友から贈られた詩集

横浜国立大学学芸学部附属横浜中学校（現 同大学教育学部附属横浜中学校）を卒業すると、１９６４年４月、東京学芸大学附属高等学校に進学した。横浜国大には付属する高校がないからだ。横浜市保土ケ谷区の自宅から東急東横線・学芸大学駅まで、すし詰め状態の朝の上り電車で通学した。

同高校へは横国大の附属中学から10人以上が進学した。学芸大の附属中学は都内に当時4校あり、そこからの内部進学者と私たちのような外部進学者とで、１学年は10クラスもあった。中学校のこぢんまりした雰囲気とはかなり違った。内部進学者は渋谷方面から登校してくる人が多いせいか、何だか都会的に見えた。

制服は初のセーラー服だった。セーラー服というのは丈がちょっと短めで、動くとおなかが見えてしまう。だからだと思うが、今でいうキャミソールのような下着がセットで付

高校時代に構内で友人たちと（左端）。左側に見えるレトロな校舎は、東京学芸大学の前身である東京第一師範学校男子部だった建物

いていて、ボタンでスカートに留めるしくみになっていた。冬服は上下とも紺色、夏は白色で襟だけが紺色だった。

スカーフは三角形で、自分で結ぶタイプ。結び方は人それぞれで、大きかったり小さかったり、背中側の襟から三角形をどの程度のぞかせるか等々、個性やおしゃれにこだわる人も多かったが、私はごく普通に結ぶことしかできなかった。スカーフにはアイロンをかけ、プリーツスカートには毎晩寝押しをした。また当時、軍手のような素材の厚手の白い靴下がはやっていて、それをくるぶしあたりまで短く折って履くのが格好良いとされていた。

同じ中学から進学した友人に、三村園子さんがいた。彼女については忘れられない思い出がある。私の誕生日に「谷川俊太郎詩集」（65年、思潮社）をプレゼントしてくれたのだ。箱入りで白い表紙の、シンプルだが洗練された装丁だった。当時の女子学生が贈り合うものといえばハンカチやお菓子、文房具などだったから、分厚い詩集に私は意外な顔をしたのかもしれない。彼女は「母が選んでくれたの」と言った。

彼女のお母さまとは挨拶を交わしたことがある程度だったので、なぜこの詩集を選んでくれたのか分からない。だが、この詩集との出合いは私にとって大きな出来事だった。谷川俊太郎さんという詩人とその作品を初めて知り、大好きになったのだ。

中でも次の1節から始まる「二十億光年の孤独」には、私の好きな宇宙や天体がうたわれていることもあり、ものの見方が変わるような強烈な印象を受けた。

人類は小さな球の上で
眠り起きそして働き
ときどき火星に仲間を欲しがつたりする

（「二十億光年の孤独」から）

詩集のどの作品からも人間のちっぽけさ、大きさ、いとおしさを感じた。三村さんのお母さまは私たち次世代の者に対し、谷川俊太郎さんの詩にあるような人間になってほしいと願っていたのかもしれない。

79年に同じく思潮社から出版された「谷川俊太郎詩集　続」は自分で買った。2冊とも、今も折に触れ開いている。谷川さんの詩は、形成途上にあった私の感じ方や考え方に深い影響を与えてくれた。

高校時代に開いたいくつもの扉

高校に入ったころから、母方の祖父母の知り合いの息子さんがしばしばサッカー観戦に国立競技場に連れて行ってくれるようになった。彼は大学のサッカー部でゴールキーパーを務めていた。私は当初ルールもよく知らなかったが、学生リーグや実業団の試合を見に行くうちに面白くなってきた。あるとき「ゴールキーパーって、格好いいんだね」と言ったら、「そうだよ、すごいポジションなんだから」と得意そうに笑っていた。

そんなことがあったせいか、観戦中はゴールキーパーの活躍に胸躍らせた。後年、日韓共同で開催された２００２年のＦＩＦＡワールドカップでは、ドイツのゴールキーパーであるカーン選手に夢中になった。

高校時代の観戦で印象に残っている選手が、早稲田大学の学生だった釜本邦茂さんだ。私でも分かるくらい、飛び抜けて上手だった。

高校1年生だった1964年10月、東京五輪が開催された。私の高校から2キロほどのところに五輪の第2会場（現 駒沢オリンピック公園総合運動場）があった関係か、高校のグラウンドが開催前にどこかの国のサッカーチームの練習場所になった。「オリンピックってこんなに身近なものなんだ」と驚いた。

だから五輪では、サッカーに大きな関心を持った。余談だが、父も「学生時代『しゅうきゅう』をやっていた」そうだ。「蹴球」

高校３年生の北海道修学旅行で訪れた雪印パーラー札幌本店で（左）。当時この店は女子生徒の間で「札幌旅行における必須の行き先」とされていた　＝1966年、札幌市

すなわちサッカーである。

高校3年生だった66年6月にはザ・ビートルズが来日し、3日間で計5回のコンサートを日本武道館で開いた。ビートルズは衝撃的な存在だったから友人と「武道館に行きたいねー」と言い合ったが、チケットは到底手に入らない。そんな中、熱狂的なビートルズファンのクラスメートが「行ってきたよー!」と教室に駆け込んできたので、皆で「ええーっ!」と目をむいた。

フォークソングもよく聴いた。PPMと呼ばれた「ピーター・ポール&マリー」や「サイモン&ガーファンクル」など、歌詞の意味は半分くらいしか分からなかったものの、社会に対して異議を投げかけるメッセージ性に引きつけられた。

校内に小説や文芸評論を書いている上級生たちがいて、文芸サークルを主宰していた。大人びた彼らに尊敬の念を抱き、高校1年生のとき、そのサークルに入部した。彼らの話には、小林秀雄や大江健三郎といった文学者の名前がぽんぽん出てくる。「知らなければ格好悪い」みたいな空気があり、私も懸命に読んだ。同人誌にも一応原稿を出した。彼らが文学論を戦わせるのを「はぁー」と感心しながら聞いているだけで、自分も大人になった気がした。それまでにない刺激を受け、背伸びをして「文学」に挑戦したのだが、サークルは先輩たちが卒業すると自然消滅してしまった。中心の数人が特別に文学的で早熟だったのだろう。

サッカー、フォークやロック、文学…、高校時代は新たな世界への扉がいくつも開いた時期でもあった。

消去法で法学部を選択

小学生のころにプラネタリウムがきっかけで星や宇宙が好きになって以来、天文学者になりたいと思っていた。三十数人いる父方のいとこたち（多くは私より年上）が医師、歯科医、箏曲家など多種多様な職業に就いており、その１人が地球物理学の教授だったことにも影響を受けた。

だが高校時代半ばになると数学が怪しくなってきたので、理工系への進学は厳しいと悟った。通っていた東京学芸大学附属高校では当時、文系・理系のクラス分けはしていなかったと思う。２・３年時の担任の青柳正先生は数学の先生で、辛抱強く面倒を見てくれたが、「私、もうだめですー」と脱落した。青柳先生は後年、厚木方面に転居し、選挙の際に私が近くで街頭演説をするといつも顔を出してくれた。

高校３年生の修学旅行でのクラス集合写真（前列右から３人目）。２列目左端が青柳先生　＝1966年、北海道

天文は趣味として楽しむことにし、文系学部への進学を決めた。将来は手に職を持って社会とずっと関わりたかった。文学部や家政学部は「手に職」のイメージと当時は結び付かなかった。教育学部に行って教員になることはなぜか全く頭になかった。経済学部や商学部は、苦手な数学が関わってきそうだ。消去法で残ったのが法学部だった。企業でも官公庁でもつぶしがききそうだと思ったのだ。弁護士などいわゆる法曹の道に進もうと積極的に思ったわけではない。

進路指導の先生から「法学部なら中央大学がよいのでは」との助言もあり、受験を決めた。いつも「やりたいようにやりなさい」と言う両親は、このときも私の意志を尊重してくれた。逆に言えば、だから私は何でも自分で決めざるを得ず、そのためしばしば消去法を用いたのかもしれない。「女の子だから云々」といった類のことを決して言わなかった両親は、私が女子大を選ばなかったことをむしろ喜んだようだ。

母は、私の行動を見て「よき伴侶を得て家庭におさまるような子ではない」「一人で生きていけるようになってほしい」と当時から感じていたのかもしれない。時代が許せば、母自身も大学に進学したかったのだと思う。

父は、私が小学校時代から原子力関係の法人に勤めて単身赴任を続けており、週末だけ帰ってきていた。そんな背景もあってか、父とは距離があるようなないような一種不思議な関係だった。私は原子力にはこのころから批判的だったが、父のことは尊敬していた。父が単身赴任をして家族を支えてくれたからこそ、私は経済的な苦労をせず学生生活を送ることができた。卒業後弁護士になるまで少々時間がかかったが、黙って見守ってくれたことにも感謝している。

ちなみに30代での参院選出馬も事後報告だった。母は即座に賛成し、「もう少し若ければ私が出たのに」と冗談を言ったほどだった。父は苦い顔をしたが反対はせず（私の予測不能な行動に、もはや諦めの境地だったのかもしれない)、社会党県本部の幹部が自宅に挨拶に来ると「よろしくお願いします」と応じてくれた。余談だが、父は学生時代マルクス経済学を学んだそうで、戦時中は特高警察ににらまれていたとも聞いた。だから、私の出馬が社会党からだったことに辛うじてほっとしたのではないだろうか。父自身は原子力業界に職を得ていたことをどう思っていたのだろうと想像することがある。内心忸怩たる思いがあったかもしれない。

私の意志を尊重してくれるものの手や口は出さない両親は、選挙運動に関しても「小さな子どもじゃあるまいし、親が出る幕ではない」と表には出なかった。だが、選挙運動は立候補者の家族も一丸となって闘うのが一般的だ。見かねて親類代表として関わってくれたのが、父方のいとこたちだった。中村(旧姓 鈴木)静子(東大農学部を卒業し企業の研究職を務めた。私にとって姉代わりである)や、千葉胤英(水産大学を卒業後、捕鯨船の船長や水先人を務めた。横浜・戸塚在住なので身近な存在)はとくに熱心に協力してくれた。

第二章　社会を変えよう！

——権力と闘った青春

御茶ノ水の中央大学

1967年4月、中央大学法学部法律学科に入学した。選択した第二外国語によってクラス分けがなされ、私は1組の11号だった。11号というのは出席番号のようなものだ。1クラスは50人くらいで、そのうち女子は4人だった。

当時の中大キャンパスは東京・神田駿河台にあった。一帯は「御茶ノ水」と呼ばれる学生街で、大学や専門学校、そして書店とマージャン荘と喫茶店の街だった。講義が終わるとクラスメートと喫茶店へ行き、コーヒー1杯で1、2時間おしゃべりするのが日課だった。その1軒「ラドリオ」を先日何十年ぶりかに訪れた。昔のままの趣の中、名物のウインナコーヒーでひとときの感慨にふけった。

キャンパス内は、中庭を囲むように立ち並ぶ薄汚い校舎、独特の文字で書かれた大きな立て看板、扇動的な演説(「アジ」と呼ぶと後に知った)や、大声でのサークル勧誘などなど、「勉強」とは無関係のものがあふれかえっていた。そんな強烈なカオスの中へ18歳の私は放り込まれた。

高揚感を得た街頭デモ

安保闘争の起きた1960年、私は小学6年生だった。高校に入るとベトナム戦争が始まり、高2のときには反米・反戦の「ベ平連（ベトナムに平和を!市民連合）」が発足。社会にはいわゆる大衆政治運動の空気が満ちていた。大学紛争も頻発しており、私が中央大学に入学した67年は、そのピークに向かって激化・拡大していく最中だった。

中央大ではその前年にあたる66年に学生会館を巡る闘争が起きていた。新設された学生会館の管理運営を誰がどうするか、大学側、教授会、学生が争い、創立以来初というバリケードストライキによる全学封鎖が行われた末、学生側が単独自主管理を勝ち取った。中央大の学生運動は上昇気流に乗っていた。

さて、親しくなったクラスメートと「何かサークルに入りたいね」と話していたら、別のクラスメートが「民事法研究会に一緒に入らない?」と誘ってくれた。サークル室を訪ねると、闘争の舞台だったという例の学生会館内だ。民事法研究とは名ばかりで、学生運動の拠点の一つである。そういうことかと思ったが、居場所を見つけた気がしてほどなく入部した。当時は学生の大多数が「社会を変えねば」「今の政治でいいのか」と考えており、私もその1人だった。

中央大学のクラスメート（右）のゼミ合宿に参加して　＝1970年、長野県

民事法研究会は左翼系だが、共産党系ではなく新左翼系だった。同会は、翌68年に誕生する「全中闘」（後述）に参加、連動していくことになる。

街頭デモにも参加した。指揮者の「シュプレヒコール！」の声に続き、「安保粉砕ー」などと大声で唱和する。運動への参加意識とともに「デモって楽しいや」と高揚感を抱き、しょっちゅう行くようになった。

好きだったのはフランスデモ。手をつなぎ、車道の幅いっぱいに広がって行進するスタイルをそう呼んでいた。銀座通りをデモした時の気分の良さといったら！　ジグザグデモというのもあった。先頭にいる指揮者の「わーっしょい」という掛け声に合わせてジグザグに前進するのである。日比谷公園、清水谷公園（千代田区）、礫川《れきせん》公園（文京区）などがデモの出発・解散地で、複数の大学から何百人もの学生が参加した。今のようにプラカードなどは持たず、手ぶらだった。

私が大学2年のころまではデモはお祭りみたいな感じで、ヘルメットをかぶるのも指揮者だけだった。だが次第に警察の規制が厳しくなり、自衛のために皆がかぶるようになった。ヘルメットは共用で、サークル室にたくさん置いてあった。デモに行くときそこから取って、終わると元の場所へ戻す。どれも赤色だ。中央大の学生運動は社会主義学生同盟（社学同）という組織が統率しており、社学同のヘルメットは赤だったからだ。

同じ理由で明治大学も赤ヘルだった。ちなみに法政大学はほとんどの学生が白いヘルメットで、中核派であることを示していた。早稲田大学は反帝学生評議会の勢力が強く、青いヘルメットの学生が多かった。また、いくつかの大学に散らばって黒ヘルの学生もいた。

バリストと差し入れ

中央大学1年生だった1967年12月、大学側が学費値上げを計画していると判明したことから、学生側が反対運動を起こした。当時、中央大の学費は他の私大より格段に安く、経済的に厳しい学生も学ぶことができた。その学費を値上げするのは「苦学生を排除する暴挙であり、持てる者と持たざる者との階級闘争にもつながる」というのが学生側の言い分だった。

だが大学側が翌年1月に値上げを決定したので、学生側は校舎にバリケードを築き無期限ストライキに突入した。当時の校舎はロの字型で、真ん中は中庭、出入り口は3カ所だった。出入り口に机を積むことで校舎内に籠城し、大学側の人間を入れず講義の実施を阻止したのだ。バリケードは机を積んだだけのものだった。「われわれは異議を申し立てる」という姿勢の象徴だったのだと思う。私も、民事法研究会のメンバーに頼まれ机を運んだ。「これがあのバリストかー!」というミーハーな気分もあった。

2月、大学側は値上げを白紙撤回し、学生側もストライキを終了した。だがこの騒動により学長はじめ大学の運営陣が総退陣し、学内は混乱に陥った。5月、その混乱を収拾すべく大学側は常置委員会という組織を設けたが、これに学生側が反発。対立は激化し、12月に学生側は「全学中央闘争委員会」(全中闘)を結成。またしても全学バリケードストライキに突入した。このときも私は机を運んだ。常置委員会への抗議の気持ちを示したかったからだ。籠城はしなかった。バリストやデモで私が感じていたのは解放感や自由だった。

父方の親戚の結婚式で左から私、母 令子。右端は叔母の釜范光子、その隣は伯母の小林豊子　＝1970年、東京都内

自分の意志で行動することが楽しかった。

翌69年1月、常置委員会の廃止が決まったが、全中闘はストを継続した。すると大学側は、警察に機動隊の出動を要請。なんと機動隊が大学に入るという異常事態によって、全中闘のバリケートは撤去された。

同年4月、大学3年になった。このころから、デモの際は北村哲男弁護士（中央大学出身のリベラル派弁護士、後に社会党参院議員）の電話番号を手に書くよう指示された。警察に捕まった場合の連絡用である。当時デモの最中に機動隊が突然現れ、デモ隊からごぼう抜きのように何人か連行される事態が頻発していた。「届け出ていたコースから外れた」など理由はいくらでも付けられたのだろう。ルートによっては届け出が許可されないこともあったが、「デモとは許可されないからしないというものではない」などと強弁して実行していたので、規制も厳しくなっていった。

私は毎回逃げおおせていたが、逃げ切れるかどうかは運次第だった。大勢のデモ隊の中にいると状況が分からないのだ。「えっ、何？ 機動隊が来たのーっ?!」と、あわてて散り散りになって走った。「鬼の4機」と呼ばれた第4機動隊がとくに恐れられていた。逆に第1機動隊は「仏の1機」と呼ばれていた。

捕まっても警察署に一晩留め置かれるだけだが、主要人物とみなされると何日間か留置された。「捕まったら〝カンモク〟(完全黙秘)せよ」と言い含められていた。デモや運動の情報を警察に与えないためだ。

ある時期、私は民事法研究会で監視と差し入れの担当だった。監視とは、デモのルートに機動隊が潜んでいないか事前に調べる役割だ。仲間と見て回ったときにはいなかったのに、デモになると予想外の場所から突然現れたこともあった。差し入れは、行くこと自体が「仲間が応援している。頑張れ」というメッセージだった。

前述の北村弁護士は大学闘争に関わる学生の受け皿になってくれた人だが、土井たか子社会党委員長が「山が動いた」と言った１９８９年の参院選に社会党から出馬し、私の後輩議員となった。「不思議な縁ですね」と語り合ったものだ。

また、法務大臣に就任したとき私に警護のＳＰが付いたが、聞けばその人は元・機動隊員だった。学生運動の盛んだった時代（まさに私の学生時代だが、そのＳＰさんの年齢からすると私より少し後の時期かもしれない）には、学生役と機動隊役に分かれ、デモを規制する訓練をしばしば行っていたそうだ。そのＳＰさんは学生側の指揮者役として「せーの、わーっしょい！」などと叫んでいたとか。その口真似があまりにうまいのでびっくりした。かつて対峙した者同士がこのような関係で出会うなんて、これもまた不思議なことだ。

全共闘運動の只中で

先に触れた「全学中央闘争委員会」（全中闘）は１９６８年12月に結成された運動体で、全学共闘会議（全共闘）の中央大学版だ。同年５月に日本大学全共闘が、７月に東京大学全共闘が結成されて以降、全国の大学に同様の運動体が生まれていた。全共闘は「全学」の冠通り、学部や党派にかかわらず大学全体として共同で運動しようという形態である。

大学卒業の年に自宅の庭で。左から私、父方のいとこの釜范正孝、母のまたいとこの猪俣光一郎、父方の親戚の中村聡。光一郎は漫画雑誌「少年サンデー」の編集者で、後に〝司法浪人〟時代の私にアルバイトを紹介してくれた＝1971年、横浜市保土ケ谷区

だから、各大学の全共闘には中心団体が一応存在したものの、さまざまな学生が運動に参加した。

全中闘の場合、中心は社会主義学生同盟（社学同）だが、そこに属さないノンポリ学生も全中闘のデモやバリケードストライキに参加した。誰でも参加でき、強制されなかった。参加しない自由ももちろんあった。私も面倒くさいときは参加しなかった。それが許される「ゆるさ」があった。

全共闘という運動の核は、「おかしいと思ったら抗議しよう」だったと思う。「社会を変えるんだ」という高揚感と意気込みとがあいまって、あれだ

けの運動になったのではないか。ただ、当初の学生運動が学生会館の自主管理とか学費値上げといった学内の具体的な課題に取り組んでいたのに対し、全共闘運動は社会や政治に異議を申し立てる大きな反権力闘争になった。デモなども過激化し、後には少々怖くなるときもあった。

後年議員になってから、私が学生運動のリーダーだったとのうわさが出回ったが、事実は全く違う。入部した「民事法研究会」が社学同の構成団体だったので、社学同幹部の周辺にいた数少ない女性として多少目立っていたのがうわさの出所かもしれない。新空港建設反対の成田闘争（三里塚闘争）にも参加したが、後ろのほうで騒いでいる程度だった。「武器」も当時は角材（ゲバ棒と呼ばれた）がせいぜいで、火炎瓶などは触ったこともない。

さて、社学同は全国的な新左翼系組織であり、関西における社学同のトップは同志社大学（京都市）の学生だった藤本敏夫さんだった。後に歌手の加藤登紀子さんと獄中結婚した人だ。当時から有名人で、中央大の運動拠点である学生会館でも時折見かけた。学生会館には他大学の運動リーダーもよく出入りしており、大学間の交流は活発だった。私は民事法研究会の活動で、同志社大での共同研究会に参加したことがある。京都の建仁寺に泊めてもらった。

当時、マルクスや吉本隆明などを読んで国家について随分考えた。大学1年生のときプレゼミで法社会学を選択し、社会科学系の考え方を学んだことも役に立った。国家があって国民がいるのではなく、まず1人1人の個人がいてその後に社会や国家ができる。権力を持っているのは国という抽象的な存在ではなく、政府の中にいる人間だ。政策などは「国」や「国家」のためでなく、「人」のためのものなのだ。そう考えて、議員時代は「国のため」「国家のため」という文言を極力使わないよう意識した。

学生運動と並行し、社会ではベトナム戦争反対など市民の政治運動も盛んだった。その一つがフォークソングで反戦を訴える運動だ。東京・新宿では若者が西口地下広場を埋め尽くして集会が開かれ、フォークゲリラと呼ばれた。中心メンバーの1人が、私のクラスメートでボーイフレンドでもあったので、たびたび広場に座り込み一緒に歌った。だがしばらくすると、西口地下広場は「通路」だとして道路交通法が適用され、フォーク集会は排除されていった。フォークゲリラだった彼は後に北海道で市会議員になり、今も友人付き合いが続いている。

けんかや対立も含めこうしたリアルな人間関係の中で生きた日々が、私の根幹を形成している。現代の若者は人と深く関わらないというが、どんな大人になるのだろう…。

司法試験に挑んだが

大学3年生になると労働法の横井芳弘先生のゼミに入った。労働法の大家で、社会への問題意識が非常に高い先生だった。学生と大学との団体交渉では学生側に立つなど学生への理解も深く、皆に慕われていた。ゼミ生は20人ほどで、労働法より「国家とは何ぞや」といった議論をよく行った。横井先生は学生と議論しながらともに学ぶという姿勢の先生で、また大変に優しい方だった。

2年間のゼミが終わると、大学卒業が間近だった。だが大学紛争真っ盛りだったせいか、私たちの学年は卒業試験も卒論も不要、リポート提出だけだった。卒業式も行われず、大学事務局に卒業証書を取りに行って1971年3月、中央大学を卒業した。

さてどうしよう。就職先など決まっていない。学生運動の余熱ですぐには腰を落ち着けられない。同様の同級生が何人もいて、「じゃあ、みんなで司法試験の勉強でもやるか」となった。学内では在学中から司法試験サークルなどで勉強している学生もいたが、私は「社会をよくするための活動もせず、自分が資格を取るための勉強にかかりきりなんて！」と批判的に見ていた。そもそも、司法試験で得られる資格（弁護士、裁判官、検察官）は

司法試験の勉強仲間とともに(左端)　=1970年代後半

権力の一翼だとみなしていたから受験を考えたこともなかった。なるべく権力から遠いところに位置していたかった。だが行き場がないので、ひとまず司法試験を目指すことにした。

1年ほど仲間と自習を重ね、72年5月、司法試験を受けた。まずは択一試験(現在は「短答式試験」と呼ぶ)だ。これに合格すれば論文試験に進める、いわば第一関門である。会場は東京のオリンピック記念青少年総合センターで、憲法、民法、刑法の計90問を3時間で解くというもの。五つの選択肢から正しい答えを選ぶ形式なのでどうにかなると構えていたら、問題用紙を見て「ええーっ!」。選択肢の中に正しい答えがない（いわゆる〝ゼロ正解〟）問題も設けられているのだ。つまり、「五つの選択肢全部が誤り」という可能性がある。私の得意の消去法で一つ残せばいいというわけにはいかない。帰路はショックで打ちひしがれていた。

以後本気になって、答案練習会に参加したり、弁護士になった大学の先輩に指導してもらったりした。答案練習会とは司法試験のための塾のような団体が主宰するもので、定期的に模擬試験を実施し答案を添削してくれるほか、講評や解説を講義形式で行うものだ。

だが2度目も不合格だった。仲間の中には司法試験を諦め、地方公務員などになる人も出てきた。私も心が揺らいで、横浜市の公務員試験の願書を取り寄せたりした。だが「もう少しだけ」と受け続け、4度目ぐらいで択一試験に合格した。第一関門突破だ。ここまで来たら先に進むしかない！　このころになると、「弁護士なら在野だし、反権力の立場で仕事ができる」と考え、司法試験受験に自分なりの筋が通ると納得していた。

次の関門は7月に行われる論文試験だ。択一試験には合格するものの、論文試験で不合格になるパターンが何年か続いた後、やっと論文試験にも合格。最後の関門である10月の口述試験まで進むことができた。

口述試験はグループごとに行われるのだが、一緒のグループにいたのが、後に自民党総裁となる谷垣禎一さんだ。2人とも順番が最後の方だった。受験者が1人ずつ試験官に呼ばれ、しばらくして戻ってくる。窓の外はどんどん暗くなる。緊張と不安が増す。谷垣さんが「前の人、長いですね」と声をかけてきた。「そうですねぇ…」。

幸いにもこの口述試験にパスし、やっと司法試験に合格した。79年のことだった。谷垣さんのほか公明党代表の山口那津男さんも同年の合格者で、司法修習34期の同期である。

モラトリアムの時代

大学に入学したころ、両親が横浜・保土ケ谷の自宅敷地に2間ほどの小さな離れを建てた。母方の祖母を引き取るためだったが、祖母がもうしばらくひとり暮らしをしたいというので、人に貸すことになった。

入居したのは、関内地区でスナックを経営するきれいな女性だった。昼過ぎに美容室で髪をセットし、夕方になると和服に着替えて出勤する。気さくな人で、料理を作ると「おすそ分けでーす」とわが家に持って来てくれた。週に1度、俳優の田宮二郎さん似のハンサムな男性が訪ねてきた。道ならぬ恋のようだったが、私はとくに悪くは思わなかった。あるとき彼女が「ぜひ一度うちの店にいらしてください」と、両親と私を招待してくれ

口は出さないけれどいつも見守っていてくれた父 景胤と母 令子　＝1970年ごろ、横浜市保土ケ谷区の自宅庭

た。しかもその後、彼女は、当時有名だったナイトクラブ「ナイト・アンド・デー」へも連れて行ってくれた。いかにも大人の社交場といった品のあるクラブで、バンドが生演奏していた。

私の両親は割と自由な考え方の人たちで、先にわが家に若者が出入りしていた話を書いたが、その後も父方や母方のいとこが始終出入りしていた。夏休み中ずっと滞在したり、ボーイフレンドを連れて来たりするいとこもいた。

大学を出てから司法試験に合格するまでの間、親のすねかじりが心苦しく、配送センターでの軽作業やアンケート集めなど短期アルバイトをした。わが家によく来ていた母のまたいとこ猪俣光一郎が小学館に就職し、「週刊少年サンデー」の編集者になったので、彼の紹介で漫画関係のアルバイトを半年ほどしたこともある。編集制作会社で漫画の生原稿のフキダシ（セリフの入る枠）などをトレーシングペーパーに描き写す作業だ。アウトサイダーが主人公の漫画（白土三平「カムイ伝」「忍者武芸帳」など）が好きだった私は、当時の漫画人気の一翼を担っているようでちょっとうれしかった。

ところで当時、司法試験の第一関門である択一試験は5月第2日曜日に行われていた。母は5月になると「また母の日が来るわねぇ…」とため息をついた。当の私は決して明るい毎日ではなかったものの、大学時代の仲間が一緒だったこともあり、それほど思い詰めてもいなかった。試験結果が出ると、「あーあ、今年もだめだったねー」と言い合った。夜はラジオの深夜放送を聴きながら勉強し、気分転換に望遠鏡で星を見た。

そのころ父は日本原子力研究所（当時）を定年退職し、民間企業の役員として再就職していた。引き続き単身赴任をして千葉県我孫子市で暮らし、週末だけ戻ってきた。その住まいへ母と交代で家事をしに行っていたので、ついでに仲間を呼んで一緒に勉強することもあった。両親は、親戚から「景子ちゃん、そろそろ結婚させたら?」などと言われていたのかもしれないが、私に受験をやめるよう言ったことは一度もない。

3、4人で千葉県富津市の旅館に1週間ほど滞在し、「勉強合宿」を行ったこともある。母の女学校時代の友人がその旅館の女将《おかみ》さんだった縁だ。「家より能率が上がるから」と理由を付けたが、半分は息抜きだった。その旅館は現在息子さんに代替わりしたが、今もお付き合いが続いている。

メリハリを付けていたつもりだが、真剣さが足りなかった気もする。そんな司法試験浪人時代であった。

取り調べ修習を拒否

司法試験に合格した翌年、第34期司法修習生となった。1980年4月、32歳になる直前だった。司法修習とは法で定められた法曹養成課程である。当時の修習期間は2年間。最初と最後の4カ月は司法研修所での座学。中間の16カ月は刑事裁判、民事裁判、地方検察庁、弁護士事務所の4現場で4カ月ずつ実務修習である。

当時の司法研修所は東京・湯島にあり、文化財に指定された美しい洋館である旧岩崎邸に隣接していた。34期は500人くらいで全10クラス。女子は各クラスに4人ほどだった。また各クラスに50代60代の修習生が1、2人いた。彼らはその昔、高等文官試験を受けて

東京都文京区湯島にあった司法研修所での授業風景（1981年ごろ）。左奥で立って発言しているのが私（第34期司法修習生卒業アルバムから）

官僚になった人たちで、定年退官したので弁護士になろうと修習に来ていたのだ。人生経験豊かな、クラスの指南役のような存在だった。

座学の前期は週3日研修所に通い、週2日は「宅調日」といって自宅で課題をこなした。「白表紙《しらびょうし》」と呼ばれるテキストに架空の事例記録が記載されている。それを読み、検察の起訴状や裁判官の判決、弁護士の訴状などを書くのだ。難しくて苦労したが、社会人としてのスタートラインに立てたことで気分は明るかった。

4カ月が過ぎると、地方裁判所本庁のある全国各都市に散らばっての実務修習である。私は同期8人で横浜に配属された。

まず地方裁判所で、民事裁判の現場を知る。法廷では片隅で傍聴し、裁判官室では修習生用の机で記録を見たり裁判官にあれこれ教えてもらったりする。しばらくすると「結審したから判決を起案してみなさい」と指示されるが、要件事実や抗弁を読んでも主張として成り立っているのか、どちらの言い分に理があるのか、前期研修を受けたくらいでは分からない。どうにか提出すると、原文をとどめないほど真っ赤に添削されて返される。この民事修習で指導してくれた1人が小田原満知子裁判官だ。すてきな人だった。女性裁判官の少ない時代でもあり、心から尊敬した。

次は刑事裁判である。後述するが、ここで神奈川総合法律事務所の所属弁護士の活動を見たことが、後に私が同事務所で働くきっかけとなった。

その次は地方検察庁へ行った。横浜地検は現在横浜地裁と同じ建物に入っているが、私の修習時は工事か何かの関係で桜木町の仮庁舎で業務を行っており、修習もそちらで行われた。検察では公判立会の傍聴と、被疑者や参考人への取り調べが主な修習内容だが、私は取り調べを拒否した。なぜなら取り調べは権力行使の一つであり、検察官はその権力を付与されているが修習生はまだ検察官ではないからだ。これは、湯島の研修所で関わった反戦法律家連合（反法連）の主張である。

司法研修所の寮（松戸寮）の寮祭を訪れ、同期生たちと乾杯（中央）　=1980年、松戸市

司法研修所の寮祭で（前列左端）　=1980年、松戸市

当時は司法研修所にも政治的主張を持つグループがいくつか存在しており、反法連は、学生時代に全共闘だった修習生が代々引き継いできた新左翼的なグループだった。34期では私を含む十数人がメンバーで、研修所でビラまきをするなど地道に活動していた。

多少おそるおそる「私は取り調べを行いません」と地検に伝えると、とくにだめ出しもなくあっさり了承され、他の修習生の取り調べを部屋の隅で見学した。拒否したからととがめられることもなく、夕方になると他の修習生とともに検察官に飲みに連れて行ってもらっていた。

実務修習時代、修習仲間と訪れた箱根にて

弁護士事務所での修習と、採用面接

実務修習の最後は弁護士事務所だ。私は川原井常雄先生の事務所に配属になった。後に横浜

実務修習時代、横浜地裁前で

弁護士会（現 神奈川県弁護士会）会長も務めた人格者で、優しい先生だ。商工会議所の法律相談などに同行したが、一番頑張ったのは引っ越しだ。

ちょうど先生が弁護士仲間とともに中区本町に「弁護士ビル」を建てた時期で、私は荷物の運搬や新事務所での荷物整理をせっせと手伝った。川原井事務所にいた当時新米の石黒康仁弁護士（2024年現在、県弁護士会の憲法問題対策本部本部長代行）と木村良二弁護士（後に横浜弁護士会会長）から、「千葉がやったのは引っ越し修習だ」とちゃかされた。2人ともまだホヤホヤの青年弁護士だった。

実務修習は就職活動の一面もある。新米の間はどこかの事務所に所属して修業するのが通例なので、自分や同期の配属先などを見て修習後の修業先を検討し、ある程度志望先を固めてから東京・湯島での後期座学に臨むのである。

私にとって実務修習時代の最大の出来事は、横浜地裁で神奈川総合法律事務所の弁護士たちを見たことだった。強烈な印象だった。

それは刑事裁判修習のときのことだった。裁判所の廊下をキャッキャと声をあげて幼児が走り回り、傍聴席には作業服姿の労働者や普段着のおかみさんの姿。何だろうと思ったら、日雇い労働者のまちである寿町で活動する労働組合への刑事弾圧事件の裁判だった。弁護士は若手男性２人。１人は当時珍しいアタッシェケースを提げた眼光鋭い長髪。もう

実務修習時代に横浜市中区の横浜地裁前で。（左から）民事裁判修習の教官をしてくれた３人の裁判官（３人目は小田原満知子裁判官）、一緒に修習を受けた同期生、私　＝1980年

第34期司法修習生卒業アルバムから。司法研修所に隣接する旧岩崎邸を背景に、同期の仲間と(左から3人目) ＝1981年ごろ、東京都文京区湯島

1人は形の崩れたカバンを引きずっているぼさぼさ頭。「こんな型破りな弁護士がいるんだ?」と驚いた。

別の日には、腰に手ぬぐいが似合いそうな、風采の上がらない中年男性が来ていた。ところが彼は裁判が始まると、毅然とした顔つきに一転。先の2人が所属する神奈川総合法律事務所のボスである宇野峰雪先生だという。思想や立場の違いを超え、多くの弁護士に信望が厚い人だと聞いた。そして同事務所は労働者や社会的に弱い立場の人、差別されている人の課題に取り組んでいると知った。

弁護士が1人だけの個人事務所は、

ボス（当時はほとんど男性）と2人きりになるので女性は就職しにくかった。複数の弁護士を擁する中規模以上の事務所は、企業の法務を扱っているか、または共産党系が大多数だった。

企業系は論外だったし、学生時代に自分が新左翼の側だったこともあり共産党系には距離があった。神奈川総合は当時4人の弁護士が所属し、いわゆる総評・社会党系の立場だった。

そこで神奈川総合法律事務所に面接に行った。同期の修習生、福田護さんも来ていた。東大卒業後、衆議院法制局に勤めながら司法試験に合格した優秀な人である。私を面接したのは、例のアタッシェケースの柿内義明弁護士だった。「何でこんな事務所に入りたいんだよ」「結婚したらどうするんだ」。今ならハラスメントと批判されかねない質問にむっとしつつ、「結婚しても仕事を続けます」と答えた。ちなみに福田さんは、事務所創立メンバーの1人である鵜飼良昭弁護士の面接を受けたが、もっとまじめな内容だったらしい。

福田さんも私も採用されたが、他の事務所からは「2人も採用したら潰れるんじゃないか」と心配されたとか。神奈川総合法律事務所が儲からない案件ばかり扱っているのを皆、知っていたからだ。私のような者がなぜ採用されたかは謎だが、うれしかった。同事務所の一員であったことを今も誇りに思っている。

神奈川総合法律事務所に入所

1982年3月、2年間の司法修習を修了した。最後の4カ月間は東京・湯島の研修所で「課題を2時間で書いて提出」をひたすら繰り返した。私のクラスの教室は4階だったので、時間間際になると書き殴るようにして、1階の提出窓口まで階段を駆け降りた。司法修習期間を通して約500人の同期、とくに同じクラスの50人とは「同じ釜の飯を食った」絆ができた。

同期以外でも裁判官、検察官、弁護士、そして多くの法務官僚は司法修習を修了しているので、同窓生のような連帯感がある。だからなのか、法曹界の者同士は初対面のとき「何期ですか」と尋ね合う。この特有の仲間意識は、後に私が議員となり法曹出身議員や法務官僚と仕事をする際、お互い理解し合う上でプラスに働いてくれた。

さて同年4月、横浜弁護士会（現 神奈川県弁護士会）に登録。同月、神奈川総合法律事務所（神奈総《かなそう》）で弁護士として働き始めた。当時の事務所は横浜市中区不老町のビルの2階。1階はクラブ「ラブサウンズ」で、夕方になると音楽が聞こえてきた。この時代、

神奈川総合法律事務所でお世話になった皆さん。（上段左から）宇野峰雪、柿内義明、福田護、（下段左から）野村和造、鵜飼良昭の各弁護士
※柿内義明弁護士の写真は「マーラー、アタッシュケース、人権　柿内義明弁護士追悼集」（神奈川総合法律事務所発行、1988年）から、他４人の写真は「神奈川総合法律事務所創立35周年記念誌」（同、2010年）から

横浜の弁護士事務所は関内駅から見て海側に多く、大通り公園側の立地は異色だった。女性の先輩弁護士に「線路向こうの事務所なんだ」と驚かれた。

神奈総は厚木基地爆音訴訟や労働事件で皆が多忙だった。初出勤の日の午後、鵜飼良昭弁護士から書類の清書を頼まれた。労働組合が神奈川地方労働委員会（現 県労働委員会）

に救済申し立てを求める申請書だった。本来なら神奈総の事務局職員が和文タイプで清書するのだが、下書きが終わらないので、明朝提出するのに和文タイプが間に合わない。「俺が続きを書くから、手書きで清書してくれ」と言うのである。

小さくて判読しにくい鵜飼弁護士の文字を一生懸命清書するうち夜になり、事務所には私と鵜飼弁護士だけ。「まだ終わらないのかな…」と思うが、「帰ります」とは言えない。鵜飼弁護士は10時を過ぎたころ、「ああ、遅くなってるなー」と言ったきり。私は黙々と書き写しているうち、提出先の労働委員会という組織の在り方や考え方がなんとなく分かってくるような気がしてきた。

数カ月後、鵜飼弁護士に「今度の案件は千葉が主任になってくれ」と言われ、労働事件で初めて担当を持った。依頼主は組合員3人の小さな労働組合で、「組合を結成したら会社から不当な扱いを受けた」として労働委員会に救済を申し立てたのだ。この組合は、小規模労働組合で構成される連合組織に加入していたので、その連合組織の役員がよく同席した。彼らはこうした申し立てや訴訟を数多く扱ってきたので、手続きなどについて私よりずっと詳しく、「先生（私のことである）、そこ違っているよ」と正してくれたり、私が「こんな主張をしても無理だと思います」と言うと「分かっている。でも主張することに意味があるんだよ」と教えてくれたりした。

また、神奈総の事務局職員は優秀な人が揃っていた。とくにベテランの女性は頼りになる姉貴分だった。現在彼女は退職し、時折会っては昔話などをする付き合いだ。

厚木基地の爆音訴訟

大和市と綾瀬市にまたがる厚木基地は米軍と自衛隊の航空施設・基地だ。１９６０年、周辺住民は同基地を離発着する航空機の騒音にたまりかね、厚木基地爆音防止期成同盟（厚木爆同）という住民団体を結成。行政に陳情を重ねたがらちがあかず、相談した相手が宇野峰雪弁護士だった。

当時、宇野弁護士の個人事務所に勤務していた鵜飼良昭弁護士は、宇野弁護士から「厚木の訴訟をやるぞ」と言われ、ならばと同期の柿内義明弁護士も引き入れた。そして75年、宇野、鵜飼、柿内の共同事務所として神奈川総合法律事務所（神奈総《かなそう》）が設立された。翌76年、住民は国に損害賠償と飛行差し止めを求めて第1次厚木基地爆音訴訟を起こす。神奈総は設立からして同訴訟とともにあった。「神奈総の負担を分かち合おう」と多くの弁護士事務所が弁護団に名を連ねてくれた。弁護団事務局長は柿内弁護士だった。

私が神奈総に入所した82年はその第1次訴訟の真っ最中。私も弁護団の一員として、陳述書を提出するために原告住民に爆音被害の聞き取りをした。原告の人数が多いため、全員が裁判所で証言することができないからだ。耳鳴りや高血圧、頭痛など身体的被害の他、会話やテレビ視聴ができない、睡眠妨害、航空機の部品落下や墜落への不安、子どもの成長への悪影響など多様な証言が寄せられた。

同年10月、横浜地裁で第一審判決が出る直前、私は先輩弁護士の指示で郵便局に走った。局の金庫にあるお金を差し押さえようというのだ（当時は民営化前なので国の財産）。これには迅速さが求められた。

このあたりの事情はずいぶん古いことで、私もちゃんとした記憶があるわけではないが、総合するとおそらく次のようなことだったと考えられる。

一審判決では、請求の一部であっても損害賠償請求が認められることが予想された。判決が出ても上級審で変わることもあるから判決が確定するまで強制執行できないのが本来だが、財産権上の請求に関する判決については、裁判所は判決主文の中で、「判決確定前でも原告は強制執行できる」という仮執行宣言を付けることができる。金銭請求事件では、原告が仮執行宣言を求めていればそれを認める判決が大部分だ（金銭請求事件では原告は

神奈川総合では毎年、皆で旅行に行くのが恒例だった（前列右）　＝1983年、埼玉県・長瀞町（写真提供＝神奈川総合法律事務所）

仮執行宣言を求めるのが当然であり、もちろんこのときも求めていた）。

被告は強制執行を避けるためには、控訴して強制執行停止の申し立てをすることになるが、その手続きの間に強制執行が済んでしまうおそれがある。裁判所は、判決主文の中で、いくらかの担保を提供することにより仮執行を免れることを宣言（仮執行免脱宣言）することもできるので、被告は裁判所に仮執行免脱宣言の申し立てをあらかじめしておくことがよく行われる。

このときも国は仮執行免脱宣言の申し立てをしており、判決は仮執行を認めると同時に仮執行免脱宣言も出すものと予想された。とすると私たちは、国が法務局に担保を供託してそのことを裁判所に連絡をする前に、強制執行手続きを終わらせていなければお金を手に入れることができない。当時原告側は裁判費用の工面に苦労しており、控訴審での印紙代の支払い等を考えると、何としても、賠償金の一部でも手に入れる必要があった。

そこで、私たちは次のような工夫を考えた。

・執行場所を3カ所に分散させる（私が駆けつけた郵便局はこのうちの1カ所である）。
・あらかじめ判決正本を複数申請して、判決が出るとすぐに3通の正本にそれぞれ執行文を付与してもらう。
・ハイヤーを複数台、裁判所前に待機させ、執行文付判決正本が得られ次第、執行官と一緒に3カ所の執行場所に行く。

判決当日の顚末は、野村弁護士から聞いた。

判決後、彼が急いで書記官室に判決正本をもらいに行くと、書記官に「判決の主文をよく読んでください」と言われたそうだ。そこで判決主文を読んでみると、何と仮執行宣言がそもそもないことが分かり、野村弁護士は愕然としたという。

判決に仮執行宣言が付いていない以上、強制執行をしようがない。私たちの緊急プロジェクトチームは、何をすることもなく解散することになった。

裁判所が仮執行宣言を付さなかったのは、原告側の強制執行を好ましく思わなかったからではないかと野村弁護士は推測している。ちなみに原告側の財政は、原告の1人である山口スエ子さん（大和市会議員、幼稚園園長）が私財を寄付し、危機を脱したという。

この第1次訴訟の第一審判決では、提訴3年前まで（過去3年分）の損害賠償は認められた（請求額の一部）が、航空機の飛行差し止めや将来の損害賠償請求は却下された。原告は控訴したが、第二審の東京高裁は86年4月、軍事公共性の優越性を理由に、横浜地裁が第一審で認めた損害賠償請求さえ棄却。原告は全面敗訴した。

翌87年、39歳の柿内弁護士がくも膜下出血で急逝した。私は議員となって弁護団から離れていたが、「東京高裁の判決で深刻なショックを受けたせいで柿内弁護士は亡くなったのではないか」と思い、悔しくて悲しくてたまらなかった。P91の柿内弁護士の写真は、その東京高裁判決直後の記者会見での写真だ。全面敗訴という予想外の判決を受け、それまで見たこともない厳しい表情をしている。

この後、第三審となる最高裁で「基地騒音は違法」と認められ、95年の東京高裁差し戻し判決により国に損害賠償が命じられた。

現在、厚木基地爆音訴訟は第5次訴訟として、8800人以上の原告が爆音被害解消を求めている。23年現在の弁護団長は、私と一緒に神奈総に入所した福田護弁護士である。

第5次訴訟は23年11月1日に結審した。24年中には地裁判決が出されるのではないかと弁護団は予想している。第5次訴訟の新しい争点は、米空母艦載機の岩国基地（山口県）移駐後の騒音被害の評価、軍事空港の航空機騒音についての科学的知見の評価であるようだ。

余談だが、かつて横浜地裁には戦前につくられた陪審法廷があり、厚木基地爆音訴訟の裁判で私も一度使ったことがある。現在は桐蔭学園（横浜市青葉区）に移築、復元されている。

宇都宮病院に関わる

神奈川総合法律事務所（神奈総）では、所属弁護士が個人で仕事を受けることもあった。報酬は事務所に入れて、皆で分配するしくみである。私が個人で受けた案件の一つが東京・

山谷地区（台東区）の活動家が逮捕された案件だ。

山谷は大阪の釜ヶ崎、横浜の寿町と並び、日雇い労働者のための簡易宿泊所が集まる地区である。「資本主義の弊害が凝縮した場だ」として反権力の活動家が多く入り、労働者を搾取する暴力団や悪質な手配師に抗議するなどしていた。暴力団や左翼活動取り締まりの警察が拠点に押し入ってくると、活動家は自衛のため野球バットや角材などを手にした。あるときそれを警察に「凶器準備集合罪」とみなされ、逮捕者が出たのだ。

東京地裁で刑事裁判が行われることになり、「弁護を一緒に頼む」と司法修習時代の同期から連絡が来た。前述した通り私は検察での実務修習で取り調べを拒否したが、それは当時の私が所属していた反戦法律家連合（反法連）の主張に基づいたものであった。その反法連の仲間だった人からの頼みだった。彼らは弁護士になってからも、こうした活動家の支援を積極的に行うことで自らの活動を続けていたのである。

反法連関係では、成田国際空港の建設に反対する成田闘争の一つである横堀要塞事件の裁判にも、弁護団の一員として名を連ねたことがある。

宇都宮病院事件も個人として関わった案件だ。１９８３年に精神科病院である宇都宮病院（栃木県）で看護職員が患者２人を暴行し死亡させた事件は、元患者が東大病院に実態

（上）（下）ともに、弁護士になって２年目。神奈総の事務所旅行で
＝1983年、埼玉県・長瀞町（写真提供＝神奈川総合法律事務所）

を伝えたことから84年3月に発覚。東大病院が問題追及のため協力を求めたのが、朝日新聞や社会党、永野貫太郎弁護士、戸塚悦朗弁護士だった。

戸塚弁護士は、神奈総のボスである宇野峰雪弁護士と同じくスモン訴訟東京第2グループ弁護団の一員だった。また私の母が、戸塚弁護士がかつて所属していた事務所所長の奥さまと知り合いだったので私も紹介されたことがあり、面識があった。そんな縁で戸塚弁護士を通し、この事件に関わったのだ。当時、日本の精神科病院の強制入院や閉鎖病棟などは国際的に批判されており、私はそうした問題を考える勉強会に以前から参加していたという背景もあった。

宇都宮病院から自力で逃げ出した元患者さんがいて、もともと横浜在住の人だった関係で私が聞き取りをしたところ、「入所していた老人ホームからある日突然、強制的に連行され、精神疾患などないのに入院という名目で閉じ込められた」と話してくれた。また、他の弁護士とともに宇都宮病院に2度ほど抗議に行き、玄関で「院長を出せ」「病院内を見せてほしい」と要求したこともあったが、職員と押し問答になっただけだった。後年、この事件を機に精神保健法が成立し、本人の同意に基づく任意入院制度が創設された。

国選弁護も年に何度か引き受けた。横浜・元町近くの交差点での交通事故では双方の主張がぶつかっていた。警察は「運転手が信号無視をした」、運転手は「手前の信号と一つ先の信号が重なっているせいで一つ前の信号を見たのだ」とそれぞれ主張を譲らないので、現地へ出向いて検証したこともあった。

民事訴訟で、航空機の着陸時に軽傷を負った乗客の代理人になったこともある。航空会社は過失を認めており、和解した。民事の場合「両者痛み分け」で手を打つのも一つの解決法なんだな、と知ることができた案件だった。

親会社と闘った労組

弁護士時代の仕事として忘れられないのが、東芝アンペックスという会社の労働組合の案件である。東芝と米国の電子機器メーカーとの合弁会社で、産業用ビデオなどの製造販売を主な事業としていた。労働組合は1971年に設立された。翌72年に同社の新事業が中止になった際、団体交渉を行って雇用を守ったのだが、以来、親会社の東芝はこの組合を疎んだ。そして業績悪化を理由に82年、東芝アンペックスを解散することで組合を潰し、組合員を解雇した。神奈川総合法律事務所の鵜飼良昭弁護士は、同社の解散を知って組合に駆けつけ、私も含めた神奈総は、東芝および東芝アンペックスの2社に対する組合の闘いを支援することになった。

この組合の皆さんは優秀な技術者で、考え方もユニークだった。会社解散の翌年には自分たちで会社法人を設立し、それまでの工場を使って自主生産を開始した。しかも面白い製品を何十種類も開発していた。例えば、開くと音楽の鳴るカード。当時流通していた物より機械部品が改良され、価格は安かった。また、私が議員になってからだが、手押し車にアンプを搭載した移動式拡声器を開発。これはテレビドラマ「子連れ狼」にちなみ「ＤＩＧＯＲＯ《ダイゴロー》」と命名されて市販された。選挙運動で使っている候補者を見かけたこともある。こうした製品の自主生産を行う一方で、技術者としての誇りをもって会社側と闘い続

弁護士になって４年目に母令子と旅行。母が子どものころに住んでいた鹿児島県を訪ねた＝1985年

けたのである。

87年、労働委員会は2社の行為を不当労働行為と認定。組合員の職や賃金について「解雇がなかったと同様の状態を回復」すべしと2社に命じた。横浜地裁での裁判も90年に和解。組合は「自主管理事業体」として新たにスタートした。私は86年7月の参院選に出馬したため途中で離れてしまったが、この東芝アンペックス案件は2期目の選挙の際にひと問着起こすことになる。

ユニークで気概ある技術者集団と

東芝アンペックス同様に、企業に勤める技術者が別組織をつくり自主生産を始めた会社が創和設計だ。ある建築事務所の労働組合が会社側と対立し、組合員である10人の建築士が「企業組合」という形で1980年に設立した。企業組合とは、4人以上の個人がそれぞれの資本や労働力を持ち寄って、企業体として事業を行う組織であり法人だ。ワーカーズコレクティブと言ってもいいかもしれない。

神奈川総合法律事務所は以前から創和設計に関わっていたが、私が関わったのはすでに企業組合として事業を行っていた時期である。優秀で面白い建築士さんが揃っていて、後年、自宅を建て替える際は設計をお願いした。創和設計は２０１１年に組織変更して株式会社創和設計となり、マンションの修繕設計やコンサルタント業務に主に取り組んでいるようだ。

もう一つ、ユニークな技術者集団として長くお付き合いしているのが、トム通信工業だ。一九六三年創業の無線・通信事業の会社で、こちらは議員になってからご縁ができた。もともと同社は、後述する社会党の竹田四郎県本部委員長（当時）と親しい会社だった。竹田さんは、中小企業の健全な労使関係のために中核となる団体をつくっていたが、これは社会保険労務士（社労士）が企業側に労働者の保障などについて指導する全国規模の団体で、各地に支部があった。トム通信工業はこの団体と関わりがあり、竹田さんの地元である港北区に本社や生産拠点があった関係で竹田さんと親しかったのだ。そして私は、議員を引退する竹田さんから引き継ぐような形で、同社とのお付き合いが始まったのである。

当時は携帯電話の開発に関わる若い技術者の方が多かった。こちらも面白い方々ばかりで、飲み友達になるほど親しくなった。松下通信工業（当時）と結びつきが強い会社で、私が選挙の際お世話になった同社の労働組合の支部委員長が、トム通信工業の社長になったときはびっくりした。トム通信工業は、現在も横浜・新羽を拠点に事業を展開している。

初めての海外旅行

東芝アンペックスの案件に関わっていた80年代前半、初めて海外へ行った。当時、日本労働党が主体で発行する定期刊行物に、同僚の福田護弁護士と交代で労働関係の法律について連載記事を書いていた。その関係で、同党が中国への視察旅行に誘ってくれたのだ。ちょうど神奈総が横浜華僑総会の仕事をしており、事務所に同会の会長（当時）だった呂良雄さんが時折訪ねて来たり、冬には生の上海蟹がどっさり送られてきたりした。大鍋の代わりに洗面器で湯がいて、事務所の皆で食べた。上海蟹を食べたのは初めてで、おいしかった。そんな関係で中国への関心もあった。

6人ほどの視察団（福田弁護士は不参加）で約1週間、北京や南京、上海などを回った。とにかく広大だった。列車移動の際、農地ばかりが何十分も続くのだが、建物も人も全く見えない。通訳さんに「ここで農作業する人はいつどこから来るんですか」と尋ねたら、「え？　普通に朝来て夕方帰るんですよ」「…？」。旅行中、最も不思議だったことだ。

さて、こんなふうに駆け出しの弁護士として働いていた85年8月、総評弁護団（現日本労働弁護団）神奈川支部の箱根合宿に参加した。日航機が御巣鷹山に墜落し、皆でテレビに見入った。参院選への立候補の話が来たのは翌月のことだった。

北京から南京へ向かう列車内で。１等車に当たる「軟貨車」だったので、自席で食事をした。お茶の入った大きな魔法瓶（中央の奥）が用意されているのが印象的だった（私は右奥、その手前は通訳さん）　＝1980年代前半、中国

◆神奈川総合法律事務所開設10周年を祝う会

ステージ上で１人ずつ所員紹介

1985年11月、神奈川総合法律事務所は開設10周年を記念し、「神奈川総合法律事務所開設10周年を祝う会」を開催した。弁護士になって４年目だった私は、この２カ月前に翌86年の参院選出馬を決め、「祝う会」当時はすでに講演活動などを始めていた（後述）。写真４点はいずれも1985年、ロイヤルホールヨコハマ（横浜市中区）にて（写真４点提供＝神奈川総合法律事務所）

「歌&語り」のコーナーでは、この日の司会の１人である歌手の新谷のり子さん(「フランシーヌの場合」で知られる)と私が登壇。だが自分が何を歌ったか覚えていない…

閉会後皆さんをお見送り。
右から宇野、鵜飼、柿内、野村、福田の各弁護士、私

第三章　「トマトちゃん」、議員になる

深く考えずに出馬を承諾

弁護士時代、在日外国人の指紋押捺制度や外国人登録証明書の常時携帯といった差別的な法律の是正に積極的に取り組んだ。一緒に活動したのが、私も会員だった社会文化法律センター（社文センター）の仲間だ。日本社会党（当時。以下、社会党）の流れをくむリベラル派の弁護士団体で、神奈川県にも支部があった。

1985年8月下旬、その社文センターの弁護士仲間から「社会党がごちそうしてくれるんだって。皆で行こうよ」と誘われた。その席で「来年、参院選があるけど、社会党は候補者がいなくて困っているらしいよ」と聞き、「（野党第1党である）天下の社会党でもそんなことがあるの」と思った。社文センターは社会党と近い関係で、同党から国政選挙や全国各地の地方選挙に出馬した弁護士もいたし、仲間内で神奈川県で選挙に出るなら中野新弁護士か湯沢誠弁護士ともっぱら言われていた。

9月初め、神奈川総合法律事務所のボス弁である宇野峰雪弁護士が「千葉君に今度の参院選に出ないかという話が来たんだが」と話しかけてきた。「はぁ？　冗談はやめてくださいよ」「いや、社会党がそう言ってきたんだよ」。

あまりにも突飛な話で「考えさせてください」と答えたものの、考える材料も相談相手もない。「まあいいや、2、3日経ったら断ろう」と、それきり考えなかった。数日後、宇野弁護士が「あの話、どうかね」と尋ねてきた。ものの弾みというか、つんのめったというか、自分でも理解不能だが「じゃ、やります」と口が動いた。

実を言えば「だめもと」でやってみればいいや、という気持ちもあった。選挙の重みや大変さを想像さえせず、愚かでいい加減だった。社会党はじめ支援者の方々に本当に失礼だったと後になって猛省した。

社党、千葉氏を公認　来年の参院選

社会党県本部（竹田四郎委員長）は九日夜、開いた執行委員会で、来年夏の参院選神奈川選挙区に、横浜弁護士会所属の千葉景子弁護士（三七）＝横浜市保土ケ谷区霞台＝を正式に公認候補と決定した。二十日に党本部に公認の手続きをとる。これにより各党の候補者が出そろい、来年の参院選は新人同士で争われることになった。

各党の候補は自民党の斉藤文夫氏（[illegible]）＝川崎市川崎区＝、社会党の千葉氏、民社党の魚谷増男氏（[illegible]）＝横浜市南区＝、共産党の岡村共栄氏（[illegible]）＝平塚市黒部丘＝、無所属（新自ク推薦）の河野剛雄氏（[illegible]）＝藤沢市鵠沼松が丘＝の五人。公明党の態度は未定だが、魚谷氏を支持する公算が強い。

社会党はこの日、緊急執行委員会を開き、社会党を支援する社会文化法律センターの了承を得て、千葉氏の公認を決定した。「二十一世紀を担当し得る候補者で、勝算は大いにある」（竹田委員長）という。

千葉氏はこの日、同党に入党したが、出馬表明で、「持てる力を精いっぱい出し、政治をもう少しわれわれの近くに持ってきたい。これまで女性、平和、基本的人権問題に関与してきたが、少しずつでも政治の場に生かしていけたらと思う」と決意を述べた。

千葉氏　四十六年中央大法科卒、五十四年、司法試験合格、五十七年、弁護士登録（横浜弁護士会）。社会文化法律センター会員。県評登録弁護団、総評弁護団団員。横浜市保土ケ谷区出身。

出馬表明する千葉景子氏（左）と竹田委員長

出馬表明の記者会見を伝える1985年９月10日の神奈川新聞。記事内写真は私（左）と社会党県本部の竹田四郎委員長（右）

聞くところによると社会党は候補者がなかなか決まらず、夏に入ってから女性に絞って探したものの有力候補に断られ、私に回ってきたのだそうだ。だから他党より出遅れており、私が承諾すると急に慌ただしく

社会党の公認候補に正式決定すると、「ちば景子総合選挙闘争本部」が結成された。結成総会では神奈総のボス弁である宇野峰雪弁護士が挨拶してくれた。葉山峻さんのポスターと並んで貼られているのは私の政治活動用ポスターで、トマトは載っていない従来型のデザイン　＝1985年（写真提供＝神奈川総合法律事務所）

なった。そんな動きを察知したのだろう、顔見知りの中村卓司神奈川新聞記者が神奈総近くの道で「来年の参院選に…」と声をかけてきた。「ぜ、全然知りません」としらを切ってその場を去ったが、「もう新聞社が知っているんだ。どうしよう…」と足に震えが来た。事の大きさがようやく分かってきた。

　9月6日、保土ケ谷公会堂での県評大会で出馬の決意表明を行った。終了後は、待ち構える報道陣から逃げるように、党の人にガードされて裏口から出た。同9日、社会党に入党し、神奈川選挙区の公認候補に正式決定した。同党県本部の竹田四郎委員長とともに行った記者会見では、社文センターが作ってくれたシナリオをもとに「政治をわれわれの近くに持ってきたい」「これまで取り組んできた女性、平和、基本的人権問題を政治の場に生かしたい」と話した。

その場で、ある記者に「社会党の新宣言は読みましたか」と質問された。同年6月に草案が作られ、翌86年から95年まで社会党の綱領となる重要文書である。「いいえ、まだですけど」と答えたら、後で党の人に「読んでないなんてよく言うよなぁ」「肝が冷えたよ」とあきれられた。

10月8日には自治労県本部の大会で約400人を前に挨拶し、11月下旬から12月上旬までに9カ所で講演。駅前や団地などでの街頭演説、戸別訪問も行った。ポスターは全県で8万枚ほどを掲示。労組関係者や支援者が糊の入ったバケツを手に1枚ずつ貼って回ったと後から聞き、頭が下がった。

「トマトちゃん」誕生

私が社会党から初出馬した1986年当時、参院神奈川選挙区は定数4(改選数2)だった。参院議員の任期は6年間で、3年ごとに半数を改選する。神奈川選挙区は長年どちらも自民党と社会党の「指定席」だった。だが83年の改選で社会党議員が落選し、公明党と自民党が議席を獲得。86年の改選では自社ともに現職が引退表明したので、私が当選しないと定数4のうち社会党は0になる。同党にとって背水の陣だった。

当時、社会党が女性候補を立てる「マドンナ作戦」をアピールしていたため、私をその1人だとした報道もあった。だが私はマドンナ候補という言葉さえ知らず、県本部も「千葉は同作戦とは無関係」と明言していた。

私が候補者に選ばれたのは、竹田四郎さんが「若い人、できれば女性にバトンタッチする」と断言したからだ。当時まだ60代で周囲から「もう1期」を期待された竹田さんの、先を見通した大英断だったと思う。社会党が土井たか子委員長のもと「マドンナ旋風」を巻き起こすのは3年後、89年の参院選である。

さて、選挙活動ではとにかく名前を知ってもらわないとならない。「無名の新人 千葉景子」をどう売り出すか、選挙前年から党とともに考えてくれたのが県地方自治研究センター理事・事務局長（当時）の上林得郎さんだ。飛鳥田一雄横浜市政や長洲一二県政のブレーン集団だった「学者・文化人の会」も関わってくれた。その結果生まれた戦略が「女性」

「若さ」を押し出すこと、そして党の選挙運動に加えて「勝手連」方式を併用することだった。

まずは柱となるキャッチフレーズを考えようと、「何かニックネームみたいのはある？」と尋ねられた。

「小さいころ、顔が丸っこいので『トマトみたい』と言われたことがあります」と言うと、「それで行こう！」。こうして公営掲示板用の選挙ポスターができた。水滴のついた大きなトマトの写真をバックに私の顔。添えられた文は「くらし　はつらつ　はい！トマトです」。選挙ポスターとしては斬新で、「おお、いいじゃん」と思った。

初出馬の際の公営掲示板用選挙ポスター（1986年作成）。トマトの写真やイメージ重視のキャッチコピーはそれまでにないものだった。中学生が公営掲示板から剝がして持ち帰って「事件」になりかかったので、その子に１枚贈呈したこともあった

一方、公認直後に作成された政治活動用ポスター（P114に掲載した「結成総会」の写真で背景に写っている）は従来型だった。知人たちは同姓同名の別人と思ったそうだ。私と政治とが結び付かなかったのだろう。

「トマト」は選挙戦を通して徹底的に活用された。公示日には張り子の「トマトだるま」に目を入れ、宣伝カーは「トマト号」、街頭演説の前後には「トマトちゃんシール」を配布し、ビラ配りの際にはトマトの着ぐるみを着た人が同行。私の愛称は「トマトちゃん」「フレッシュトマト」という具合だ。

ところでポスター写真の服装は自前である。出馬表明以来、街頭演説や時局講演会などのため、明るい色の服を買うようになった。横浜で母が一緒に選んでくれたほか、当時藤沢市長だった葉山峻さんの奥さまに銀座で選んでもらったこともある。弁護士時代はベージュやグレーの服が多かったから、まるで交通信号のようで違和感があったが、着てみると悪くない。明るい色の派手な服は、議員時代も着続けることになった。

また、人前での話し方についても党に指導された。弁護士は法廷で立って発言する際、机などに両手をついて肩を上げ、前かがみの姿勢で喋ることが多い。私も、自分では気付かなかったがそんなふうに喋る癖がついていた。この威圧的な姿勢をまずやめるよう言われた。手を台につかず、まっすぐ立って喋るように意識した。「えー」とか「あー」も極力入れないよう指示された。言われて初めて、自分が「えー」「あー」を話の間に結構挟んでいることに気が付いた。「なるほどなー」と思い、これも素直に受け入れた。

党と勝手連とが並走し選挙運動

1986年参院選は当初「6月4日公示、22日投票」の想定だった。ところが中曽根内閣が単独過半数を確保しようと6月2日に衆院を解散した（後に「死んだふり解散」と呼ばれた）ので衆参同日選挙となり、公示日が6月18日、投票日は7月6日となった。6月下旬を目指して走ってきたのに、直前でゴールを先へずらされてしまった。

私の選挙運動の柱の一つは「女性」「若さ」のアピールだった。支援労組の女性たちに街頭でダンスを披露してもらったり、「お手振り隊」として選挙カーの後ろに女性ばかりを乗せた宣伝カーを走らせたりした。走行中は左右の窓から手を振ってもらい、演説中はビラ配り、街を練り歩くときは手を振りながら私の後を歩いてもらうのだ。

演説では「女の力で政治を変えよう」「中曽根総理は大うそつき。女はうそが大嫌い」と訴えた。5月には横浜で女性約千人を集めて「燃える女のつどい」を開催。土井たか子

繁華街での選挙運動。似顔絵を印刷した風船を配り、「お手振り隊」を引き連れて練り歩いた。お手振り隊のシャツには「トマト」の文字、のぼりには似顔絵とともに「フレッシュ！」「トマトちゃん」と書かれている
＝1986年６月、横浜・伊勢佐木町（撮影＝神奈川新聞社）

副委員長（当時）も駆けつけてくれた。ただ、私は弁護士というプライドもあり、「若い女性」を強調することに内心抵抗があった。ふっきれたのは、党や支援者の方の真剣さが肌で分かってきたからだ。本人である私が必死にならなければ、支えてくれる皆さんに無礼だと心底思った。

もう一つの柱は「勝手連」だ。83年に衆院議員から北海道知事に当選した横路孝弘さん、そして横路さんの地盤を預かる形で衆院選に当選した市民派の竹村泰子さんはいずれも勝手連が応援してい

た。これに社会党はヒントを得たのだろう。市民運動グループや学者・弁護士有志、母校の中央大学OBなど約100団体に働きかけて「景子連絡センター」をつくった。各団体はジャズやロックのコンサート、反核フォーラムや男女雇用機会均等法についての勉強会、「ちば景子にもの申す集会」などのイベントを自主的に開催し、幅広い層にアピールしてくれた。私もこうしたイベントにできるだけ顔を出した。

知人や友人も協力してくれた。横浜国大附属横浜中学校時代の同級生は応援する会を立ち上げてくれたし、同校時代に美術を教えてくれた添田定夫先生は美術関係の団体に私を引き合わせてくれた。神奈川総合法律事務所も事務所を挙げて協力してくれた。ある団地の広場で演説をしていたとき、同事務所の弁護士のご家族が総出で聞いてくれているのに気付いたこともある。とくに柿内義明弁護士は政策資料を集めてくれたり、個人演説会では応援弁士になったり、多くの弁護士仲間に私の応援を呼び掛けてくれたりと奔走してくれた。

女性弁護士の先輩である横溝正子さんや増本敏子さん、女性税理士の草分けである栗山はまのさんらも「女性の活躍の場を広げよう」という熱意で、党派を超えて力添えしてくれた。弁護士や税理士に女性がまだ少ない時代だったので、私を通して女性の活路を拡げようと考えておられたのだと思う。栗山はまの税理士は後に「税理士による千葉景子後援会」の会長を引き受けてくださった。同後援会の幹事長は久保田秀雄税理士だった。

当選後の話になるが、後援会はほかに「ちば景子後援会」が発足し、会長は日下部長作弁護士、事務局長は藤村耕造弁護士、副会長は長谷川博税理士が引き受けてくださった。長谷川税理士は保土ケ谷地区のまとめ役にもなってくれ、とくに諸々の事情で厳しい選挙となった3選目（後述）では、私の友人知人たちを指揮して同地区を駆け回り公営掲示板にポスターを張ってくれた。また、司法修習の実地修習でお世話になった川原井常雄弁護士は「千葉景子法曹後援会」の会長を引き受けてくださった。皆さんには心から感謝している。

さて、党による運動としてはまず、平日朝の駅頭での「朝立ち」。前年から開始し、冬は暗いうちから小さな駅の前に立った。公示後はターミナル駅で通勤の人々に「おはようございます、千葉景子です」を繰り返した。他の候補者とかち合って、時間や場所をその場で調整し合ったこともある。昼間は団地や商店街で短い演説をする「辻立ち」。夕方は公民館などで個人演説会だ。週末は繁華街での街頭演説や練り歩き。「ファイブスター」と呼ばれた神奈川の5人の社会党衆院議員とペアになって彼らの選挙区を一緒に回ったり、まちを練り歩いたりすることも多かった。伊藤茂さん、岩垂寿喜男さん、加藤万吉さん、大出俊さん、富塚三夫さんの5人である。彼らは選挙カーでは、自分の名前を1回アピールした後、私の名前を5回くらい連呼してくれた。〝ぽっと出〟の私を見ていられなかったのではないか。

引退表明した現職の竹田四郎さんからは「人口の多い〝町場《まちば》〟以外も積極的に回れ」「靴は2、3足履きつぶせ」と指導された。この実践はその後の私の原点になった。

当初は太平洋に小石を投げているような気がしていたが、続けるうちに投げた小石の輪が広がってくるように思えてきた。6月末に「まだやっと半分か、長いなぁ～」と思った選挙期間は、気が付けば終わりに近づいていた。

◆選挙運動初日（1986年6月18日　公示）

（上）中区常磐町の選挙事務所前で「トマトだるま」を前に出陣式。候補者が乗る選挙カーには私の似顔絵が描かれていた。もう1台は宣伝カー「トマト号」

（右）事務所前で第一声。「一人一人の人権が守られる温かい社会をつくろう」と訴え、「基本的人権を脅かし憲法を形骸化している中曽根政治の総決算」「誰もが安心できる福祉制度」など取り組みたい五つの課題を挙げた

候補者である私が乗る選挙カーの後を、お手振り隊が乗り込んだ宣伝カーが走る

（この２ページの写真はいずれも神奈川新聞社撮影）

◆伊勢佐木町での選挙運動（1986年６月22日）

公示後初の日曜日、お手振り隊やチアリーディング隊ら約90人の女性とともに、横浜屈指の繁華街・伊勢佐木町を歩いて支持を訴えた。当時としてはかなり派手なパフォーマンスとして話題になった

（上）途中でチアリーディングを披露
（下）のぼりには「強い国家よりやさしい社会」、横断幕には「女性の力で政治を変えよう」と書かれている

◆初当選（1986年7月7日）

当選を祝い、事務所でトマトだるまに目を入れる

党惨敗の中での当選

投票日前日は雨だった。横浜駅西口で演説し、色とりどりの風船を梅雨空に放った。参院選神奈川選挙区は改選定数2に対し候補者14人。報道によれば有力候補は5人で、当選が確実視されたのは県議から転身した自民党の斎藤文夫さん。残り4人が1議席を争い、終盤は私を含む3人が「ほぼ横一線」に並んで「予断許さぬ大接戦」(1986年7月3日神奈川新聞)となった。

7月6日、投票日を迎えた。当時は即日開票ではなく、翌日の開票だった。77万票以上を得て2位で当選した。大勢の方に温かく支えてもらった恵まれたスタートだった。私に議席を引き継ぐ形となった党県本部委員長の竹田四郎さんは取材に対し、「社会党はいつも継ぎ目で失敗するが、私は前途有望な後継者を得られてうれしい」と言ってくれた。竹田さんの息子さんと私とが同じ中学校出身で1年違いということもあり、竹田さんとの間には父娘のような空気があったように思う。

しばらくして私が「本当に当選しちゃった…」と不安になっていると、神奈川総合法律事務所の先輩である柿内弁護士が「悩むほどの力はないんだから6年間思い切ってやってみろ」と言ってくれた。背中をどんと押された気がした。

この同日選における衆院選で、社会党は全国的に見ると歴史的惨敗を喫した。自民党は３００議席を獲得し、解散時のもくろみ通り６年ぶりに安定多数を回復した。社会党の石橋政嗣委員長は引責辞任し、土井たか子副委員長が後任に就任。以後、日本初の女性党首として社会党の巻き返しを図っていく。

ところで、当選確定から国会初登院まで２週間ほどあった。何をしたらよいか分からない私に、竹田四郎さんの秘書を長年務めていた孝寿苑子さんがあれこれ指南してくれた。この孝寿さんと、選挙の現場指揮にあたった社会党県連職員の高島清さんが私の公設秘書となり、24年間にわたる私の議員活動を支えてくれた。感謝しかない。

当選が確定し、社会党県本部委員長の竹田四郎さんと事務所で握手　＝1986年７月、横浜市中区（撮影＝神奈川新聞社）

１９８６年７月、いよいよ国会に

初登院は１９８６年７月22日の第１０６回国会だった。この選挙で当選した１２６人の参院議員のうち戦後生まれはたった３人。西川きよしさん、中曽根弘文さん、私である。そして38歳の私が最年少だった！

国会で初めて発言したのは翌第１０７回国会だ。86年10月、日本における国際化をテーマにした「国民生活に関する調査会」で参考人３人に１回ずつ質問した。

常任委員会では社会労働委員会に所属し、同年11月に初質問を行った。まず、北海道で「アイヌ語の幼児教育をしてほしい」と公立保育所建設の際に私財を寄付しようとした人が拒否された事例を挙げるなどして、北海道旧土人保護法の改正、または差別をなくすための新法の制定を求めた。二つ目として弁護士時代に関わった宇都宮病院事件を切り口に、同意入院制度（患者本人でなく家族が入院に同意すること）の見直しなどを訴え、人権擁護の観点から精神衛生法の改正を求めた。三つ目はインフルエンザ予防接種について、任意制で行っている自治体もあることを示し、厚生省（当時）に義務接種の再検討を提言した。

本会議では同じく11月に初質問を行った。老人保健法の改正案についてである。患者の医療費負担増への疑問および、政府が提案する老人保健施設（地域介護システム）の数や質についての批判を投げかけ、健診やがん検診などの実施率・受診率の地域差を解消するよう求めた。最後は、老人福祉法に明記された「安らかな生活」を国民全てに保障してほしいと締めくくった。

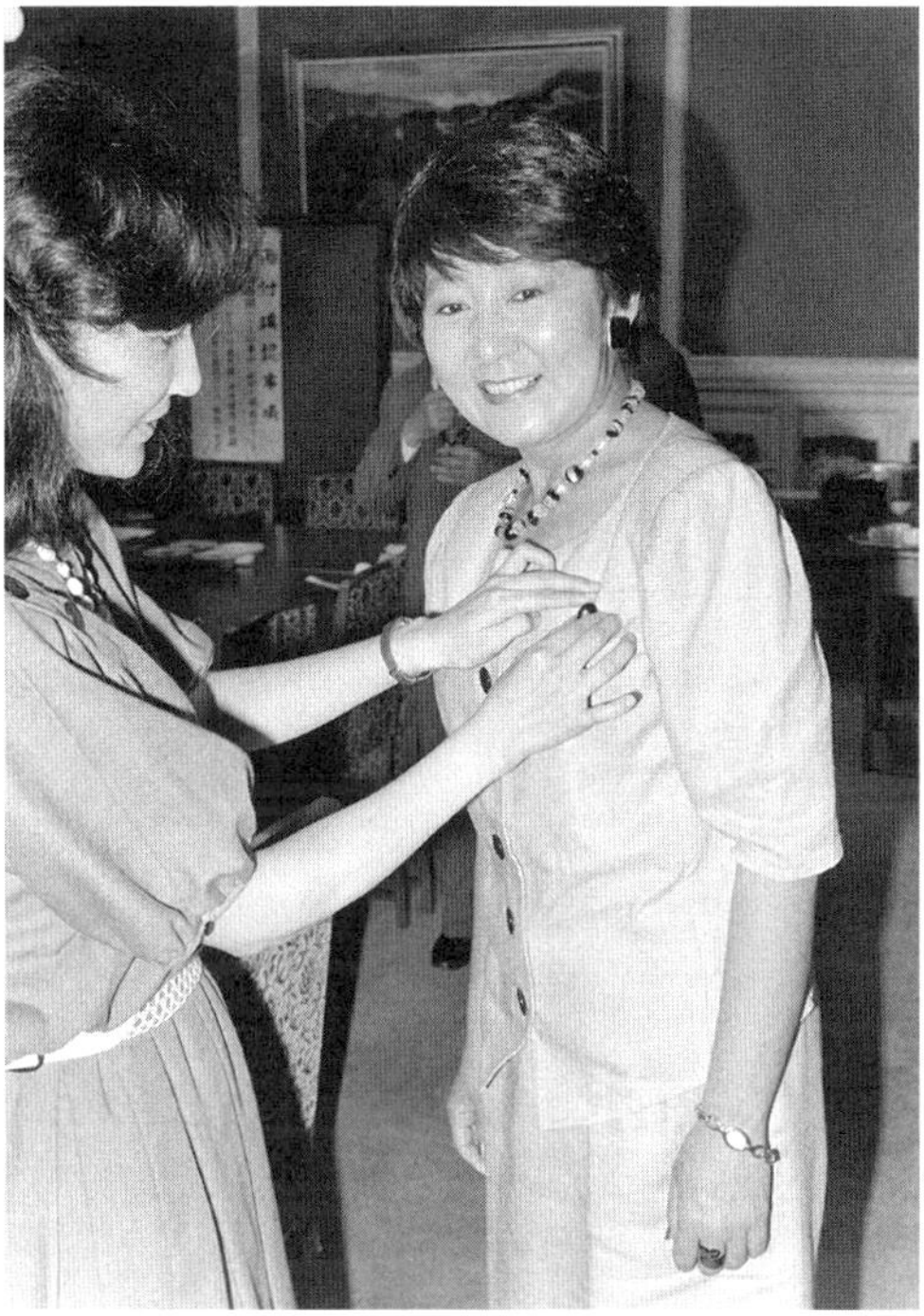

国会初登院の日、議員バッジを着けてもらう。国会までは地下鉄で１人で行った。地下鉄出口からの行き方は、前任の竹田四郎さんの秘書だった孝寿苑子さんに教えてもらった　=1986年７月（撮影＝神奈川新聞社）

党の「市民活動推進委員長」に

初当選した年の9月、社会党の「市民活動推進委員会」の委員長に任命された。同委員会は、同党が行っていた市民相談活動を推進・バックアップするのが役割だ。市民相談活動は、同党の石橋政嗣前委員長が「党の脱皮と再生」のために始めたもので、議員や支部、県本部などに設けた相談センターなどで市民から労働や税金、法律問題等についての相談を受けるとともに、相談から得た市民のニーズを政策立案に反映させていた。

市民活動推進委員会の初代委員長は衆院議員だった横山利秋さんで、私は2代目だった。委員会の仕事は相談活動の推進や情報収集、政策立案化ということだったが、市民と党（政治）との距離を縮めることが大きな目的だったと思う。私がまず実施したのは、若い世代を対象にした「国会傍聴ツアー」だ。国会の本会議は当日申し込めば誰でも自由に傍聴できるが、帽子や下駄、着流し（男性が袴を着用せずに和服を着るスタイル）などは禁止されている。そこで、わざとそうした格好で国会傍聴に来てもらったこともある。当然、入館を断られたので、この日は皆でそのまま帰った。

社会党の同委員会とは別に、超党派で女性議員と協力して国会内の小さな改革も行った。本会議場に一番近いトイレが男女共用だったので仕切りを付けてもらったり、議員バッジの留め金がピンバッジタイプだったのを、ブローチタイプもつくってもらって好きな方を選べるようにしたりした。男性用スーツには襟に穴が開いているのでピンバッジタイプのバッジを留めることができるが、女性用スーツの襟には穴がないし、女性はワンピースなどスーツ以外の服を着用することも多いからだ。

国会本会議で質問。後ろは中曽根総理(手前)と宮沢大蔵大臣　=1980年代後半

　また、本会議の傍聴者についての規定について議員有志で見直しを提案した。例えば傍聴者は議場に入る前、かばんなどの手荷物をロッカーに預けなければならない。だから傍聴者用にメモ用紙と鉛筆が用意されているのだが、傍聴席に机はないのでぺらぺらの紙だけあっても現実にはメモを

取れない。ほかにも、傍聴に来た看護師のナースキャップが「帽子」、視覚障害者の白杖が「ステッキ」と見なされ、入館できないと言われたこともあった。こうした不合理な規定について、他の若手議員とともに議院運営委員会（議運）に改善を求めたのだ。

かつては、傍聴者の規定などは「些末なこと」とされ「国会議員がやるべき仕事ではない」と思われていたようだ。トイレや議員バッジの女性への配慮についても同様だろう。ところが私が議員になったころから団塊世代や女性、市民派などの議員が増え、国会議員が少しずつ多様化していった。そんな議員らが「これ、おかしいよね？」と内部から声を上げ始めた時代だった。

予算委員会で審議を35分間止めた

１９８８年3月の第１１２国会で、初めて予算委員会で質問に立った。エイズ問題、インフルエンザ予防接種の問題に続き、三つ目の質問として国際人権規約の自由権規約（B規約）について尋ねた。国際人権規約は66年に国連総会で採択され、社会権規約（A規約）と自由権規約（B規約）の二つから成る。日本では社会権規約をA規約、自由権規約をB規約と呼ぶことがあるので本書でも併記する。自由権規約（B規約）には第一と第二の選択議定書が付属しており、第一は個人通報制度を、第二では死刑制度廃止を定めている。日本は79年に社会権規約（A規約）も自由権規約（B規約）も批准したが、一部未批准の部分がある。また日本は自由権規約（B規約）の選択議定書を二つとも批准していない。

私は自由権規約（B規約）に関して、まず日本が第一選択議定書を批准しない理由を尋ねた。第一で言及されている個人通報制度とは「人権侵害を受けた個人が国際機関に直接通報し救済の申し立てを行う」制度である。個人から通報を受けた国際機関は状況を審議し、通報者の国の政府に対し改善を促す見解を出す。批准していない国の国民は、人権侵害を受けても国際機関に通報も救済申し立てもできない。通報を受け審議を行う国際機関は、自由権規約（B規約）の場合自由権規約（B規約）委員会だ。同制度の実現は弁護士時代からの私の目標であり、後年、法務大臣就任時の会見でも挙げている。

次に質問したのは、自由権規約（B規約）締約国の義務として国が自由権規約（B規約）委員会に定期的に提出する報告書についてである。国はこの報告書を事前に公表しないので、国民がその内容を知るのは、同委員会が後日発表する「報告書への見解」によってであった。そこで提出前に国会で報告書の内容を審議すべきだと要求したのだ。

担当の外務官僚は「事前公表はしない」と答弁した。彼が言うには、事前公表は禁じられているわけではないが、政府は同委員会に審査してもらうために報告書を出している、だから同委員会が審査後に報告書を公表するのを待てばよい、他の主要国もそうしている、という理由である。私が「公表された報告書を見たら、言い訳じみたとんでもないことが書いてあったことが過去にあった」「政府が出す報告書を国会が事前に審議するのは当然ではないか」と反論すると、「問題や場合によっては事前報告を検討しようと思う」と言う。「どういう問題や場合かをそちらが選択するのはおかしい。国会に事前報告するという方向で検討してほしい」と詰め寄ると、

「基本的には事前公表は差し控えたい。ただ、問題や場合によっては事前に相談するかもしれない」

「どういう問題や場合か」

「誤解を生ずるような問題については、場合によってはあらかじめ…」

「公表しないから誤解を生むのではないか」

「基本的には政府の責任で作成し、提出する」

「さっきから答弁がくるくる変わっているじゃないですか。公表するんですか、しないんですか！」

予算委員会は他の委員会と違う特別な雰囲気がある。参院の委員会の多くは馬蹄形に委員が座るのだが、予算委員会では閣僚級の席がずらっと一列に並び、それに向き合う形で質問者席が設けられる。質問者は1人で閣僚たちに対峙するのだ。しかも、私にとっては初の予算委員会だ。相当緊張したがしぶとく食い下がったのは、戸塚悦朗弁護士の「指令」を受けていたからだ。宇都宮病院事件の話でも触れたが、「国際人権のおばけ」のような人で、92年にはNGOとして国連人権委員会に従軍慰安婦問題を提訴したことでも知られる。

戸塚弁護士からは「せっかく予算委員会で質問するなら『報告書を事前に国会で審議させろ』と要求しろ」と言われていた。そればかりか「あいまいな答弁だったら席を立つな」とも言われた。質問者席から立たないということは、答弁に納得できないという意思表示だ。「そんなことしたら予算委員会の進行が止まっちゃいますよ」と言うと、「いいんだよ、止めれば」。

前述の通り、担当者の答弁は公表するかどうかはっきりしない。戸塚弁護士に言われた通り、質問者席に座り続けることにした。委員長が「質問をどうぞ」と私に何度も言ったが、黙って座っていた。内心「この後どうなるんだろう…」と不安だったが、後で戸塚弁護士に怒られる方が怖かった。

やがて委員長が「速記を止めて」と指示し、理事たちが協議をした。改めて答弁がなされ、やっと「前87年に提出した第2回報告書については要請があれば要旨を報告する」という答弁を引き出すことができた。

結局、速記は35分間中止された。つまり国会審議を35分間もストップさせてしまったのだ。私の四つ目の質問（アイヌ民族への差別について）は翌日に持ち越された。

リクルート事件と消費税法

1988年6月、リクルート事件が発覚した。情報産業大手のリクルート社が子会社リクルートコスモスの未公開株を各界有力者に譲渡した汚職事件である。譲渡先には中曽根康弘、竹下登、宮沢喜一、安倍晋太郎ら自民党大物議員もいて、翌89年の参院選で同党が惨敗する原因の一つになった。

政治家が多く関わっていたことから国会で参考人や証人の喚問が行われ、私も88年12月、第113回国会・参院税制問題等に関する調査特別委員会（税特委）で証人喚問に立った。相手は元NTT取締役の長谷川寿彦氏。未公開株を譲渡された1人である。NTTがリクルート社に米国製スーパーコンピューターを転売した経緯を中心に質問した。裁判と異なり国会喚問では事件やその責任を語らせることに重点が置かれるが、うまく話を引き出せず悔しかった。

この国会ではもう一つ重要な議案があった。消費税法案である。一般消費税の導入を打ち出した大平正芳内閣から約10年。売上税法案を提出した中曽根康弘内閣を経て、この第113国会で竹下登内閣が日本初の大型間接税導入を計ったのだ。

同案は衆院を通過した後、同年12月21日夜、参院の税特委で強行採決された。野党議員は委員長席に殺到。私も人波にもまれながら必死で走った。同国会での参院税特委の審議は計90時間以上に及んだが、リクルート疑惑と重なったせいで十分に議論できなかった。見方を変えれば、自民党は同法案を強行採決することでリクルート疑惑の幕引きを図ったともいえる。

税特委で強行採決された消費税法案は参院本会議に上程された。同法案に反対する社会党と共産党は、島崎均参院議運委員長の解任決議案と竹下総理大臣兼大蔵大臣ら4人の問責決議案を提出し、記名投票採決の実施に持ち込んだ。これらを採決する際に「牛歩戦術」（審議引き延ばしのため、わざとゆっくり歩いて投票などに時間をかける作戦）を取り、消費税法案に最後まで抵抗しようという作戦だ。私にとって初の牛歩体験だった。

本会議は23日午後4時過ぎに開始された。島崎委員長解任決議案の採決が始まり、午後5時前から公明党、民社党、自民党の議員が淡々と投票を行った。社会党の番になり、順次点呼されたが誰も自席を離れない。やがて本岡昭次さんの名が呼ばれると、本岡さんは席を立ち先陣としてペースメーカー役となった。牛歩のスタートだ。本岡さんは30分かけて投票を終え、それが速度の基準になった。「千葉景子君」。議長の声に、事前に受けた先輩議員のレクチャー通り、なるべくゆっくり立ち上がる。歩くでもなく止まるでもなく、何十秒もかけて1歩を踏み出す。体のバランスを保つのが難しい。

午後10時近くに同決議案の処理が終わり、会議は11時前から休憩入り。控室で用意されたおむすびなどをいただいて一息入れた。日付が変わった深夜0時過ぎに再開されると、竹下総理大臣の問責決議案の採決が始まった。続いて梶山静六自治大臣、林田悠紀夫法務大臣、梶木又三税特委委員長の問責決議案の採決である。徹夜の牛歩だ。私は林田法務大臣問責決議案の発議者の1人として、提案理由の説明も行った。

24日夕方、ついに消費税法案を含む税制改革六法案の採決となった。社会党と共産党は退席。同法案は可決され、日本初の大型間接税の導入が決まった。竹下総理は「豊かな長寿社会の礎が築かれた」と胸を張った。消費税は翌89年に導入され、２０２４年で35年が経つことになる。この間税率は数度アップされたが、消費税が目指した「豊かな長寿社会」は一体どこへ行ったのだろうか。

島崎参院議運委員長の解任決議案の記名投票で〝牛歩〟する社会党議員＝国会内

超牛歩、最後の抵抗

社共「駆け足採決許さぬ」

いらだつ自民党をしり目にたて続けの問責、解任決議案の提出と、超スローの牛歩戦術で最後の抵抗を試みた社会、共産両党。決議案に賛成の公明、民社両党から「ナンセンス」と投票をせかすやじが飛ぶほどの徹底ぶりに、深夜国会は二十四日にもつれ込んだ。

今国会最大の政治決戦、税制改革法案が上程された二十三日の参院本会議。夜が深まるにつれ、やじ合戦も途絶え、時として奇妙な静けさが広がる議場。トイレに駆け込む議員の顔にも疲れの色が出始め、各党控室には食べ物が運び込まれて徹夜態勢となった。

本会議は午後四時十分開会。エイズ予防法案などを冒頭処理した後、まず社会党が島崎均議運委員長解任決議案を提出した。

午後五時前から始まった記名投票では公明、民社両党議員が淡々と賛成票を、そして自民党議員は小走りに投票を終え、三党の所要時間は七分。

ところが社会党に順番が回ると本岡昭次氏が先頭に立ち牛歩の指示。三十分かけてまず一票。自民党席からは「提案側なら早くしろ」と盛んにやじが飛んだ。同党四十二人全員が投票を終えたのが午後八時四十六分の超スローペース。さらに続く共産党もこれに輪をかけた牛歩。上田耕一郎氏は一人で約二十分間も壇上で粘り、宮本議長を最後に投票の終了まで四時間五十八分の長丁場。結果は自民党多数で否決。

八十歳の宮本議長もさすがに疲れた様子で「いやあ、腰が痛い。でも国民の声を耳にすれば最大限の抵抗をせねば…」と気合を入れた。

引き続いて二本目の竹下首相問責決議案が出た。同首相は記者団に「喜怒哀楽を表さないよう五十年間訓練した」と言い残し、〝被告〟の身をひな壇に。賛否両討論の間も背筋を伸ばしてほんやりしたり、何か書き物をしたりと屈託がない。日変わりを前に午後十一時前にいったん休憩。二十四日午前零時十分、再び〝死闘〟の再開へ。

第113国会の参院本会議での牛歩戦術を伝える神奈川新聞の記事(部分)。紙面の写真は牛歩を行う社会党議員　＝1988年12月24日付２面

(左)ホームパーティーに招いてくれたボランティアの家族と　(右)ロッキー山脈で　＝1990年

１カ月で米国７都市を訪問

１９９０年８月、米国の国務省が主催する「インターナショナル・ビジター・プログラム」（ＩＶＰ。現在の名称はインターナショナル・ビジター・リーダーシップ・プログラム）に参加した。社会党の用事で米国大使館に何度か行くうちに声がかかったのだ。費用は全て同省が負担。約１カ月間で「行きたい場所や会いたい人のところを１人で回る」というものだった。周囲に聞くと、同プログラムに参加したことのある議員や労働組合の若手が何人もいた。さまざまな分野の若い世代に米国の現在を実際に見てもらい、米国に好感を持ってほしいというのが同プログラムの目的らしかった。

興味のある分野や会いたい人などを事前に聞かれたので、「消費者問題や情報公開に取り組んでいるＮＧＯ、それから議会や裁判所…」と大まかに伝えた。具体的な訪問先や日程は、ワシントンへ行ってから決めた。相手への面会予約や宿泊の手配などは同省がしてくれた。訪問先は7都市。単独行動が基本なのだが、英語力に自信がなかったので通訳をつけてもらった。米国在住の日本人女性で、藤沢市出身ということもあってすぐに親しくなれた。旅程のほぼ全てを彼女とともに行動できたことは幸運だった。

ワシントンではホワイトハウスの地方担当者や下院議会の顧問に話を聞き、連邦最高裁判所や民主党などを見学。消費者運動の草分けで弁護士でもあるラルフ・ネーダー氏のグループとディスカッションもできた。当時は主に消費者保護の活動に取り組んでいたようだ。政権の動きに応じて活動するなど戦略的で、前年に大統領に就任したブッシュ(父)氏について「レーガンよりましだが、われわれの意見を反映する人物に早く交代してもらわねば」と語っていた。

ニューヨークでは、ハーレム地域で子どもの教育支援をしている市議会議員を訪ねた。多くの人種が混在し、当時は貧困が問題となっていた地域だ。訪問先までの行き方などは、滞在先のホテルに国務省からその都度ガイドブックのような書類が届く。このときもそれを参考にタクシーに乗ったが、ドライバーに告げていた目的地のかなり手前でなぜか降ろされてしまった。困っていると、ちょうど通りかかったパトカーが目的地まで乗せてくれた。どうして運よくこうなったのか、不思議と言えば不思議である。

次は南部アーカンソー州の州都リトルロックへ。名前さえ初めて聞く地で、なぜ米国国務省側が旅程に入れたのか分からない。弁護士や、現地に進出している日本企業の方と話をした。当時の州知事はクリントン氏で、この2年半後、前述のブッシュ氏に代わって大統領に就任することになる。妻のヒラリー氏も弁護士として活動していたようだ。2人に会っておけばよかったと後で思ったが、当時は彼らについての情報を全く持っていなかった。

ニューオーリンズでは祝日に当たったので、本場のジャズを聴き観光を楽しんだ。ヒューストン、デンバーでは裁判所や学校、女性議員の事務所などを訪ねたり、ロッキー山脈への観光バスツアーに参加したりした。最後は西海岸のサンフランシスコだった。裁判官のための教育機関などを訪問し、民主党のナンシー・スキナー市会議員と懇談した。地域の環境問題に取り組む市民派で、「労働組合には支持してもらっているが、環境問題では彼らと衝突することもある」と笑っていた。選挙は環境問題関係のグループがボランティアで支援してくれるそうで、事務所にもボランティアの大学生がいた。

ボランティアといえば初日に空港まで迎えに来てホテルまで送ってくれた男性や、ホームパーティーに招いてくれた家族、ゴールデンゲートブリッジを車で案内してくれた若者など、大勢の人にお世話になった。皆、無理をしない範囲で自分のできることを提供している感じで、ボランティア活動が市民の中に普通に根付いているようだった。

個人・団体合わせて100近くを訪問した。肌で直接さまざまなことを感じた経験は、大きな財産となった。帰国すると大量の資料が自宅に届いた。訪問する先々で頂くので、自分で郵便局を探しては自宅宛てに送っていたからだ。ただ、すべて英語版なのでかなりのものは本棚の肥やしになってしまった。

4年目で決算委員長に

法務委員会に所属していた1989年8月、第115回臨時国会から兼任で決算委員会に所属することになり、しかも同委員長に任命された。直前の7月に行われた参院選で、消費税導入やリクルート事件を背景に社会党が改選議席の倍以上を獲得したからだ。参院の与野党は逆転し、土井たか子委員長は「山が動いた」と評した。女性議員が多く当選した「マドンナ旋風」もこのときだ。参院では各党の議員数に応じて委員会委員長が配分されるので、議員4年目の私にもお役が回ってきたのである。委員長を務めるのはもちろん初めてだ。

決算委員会の仕事は、予算によって決められた収入・支出が適正だったか、無駄はなかったかをチェックし、将来の予算編成などに反映させること…、なのだが、89年の決算委員会の審議対象は何と86年度の決算だった。私も初めて知ったが、以前から決算審議は遅れ遅れになっていたのだ。

理由はまず、決算が承認されなくても次の予算成立が可能であること。二つ目は国会運営上、予算や法案の審議が優先で、決算審議は後回しにされること。それゆえ決算は国会閉会中審議になることが多いが、閉会中は地元で活動する議員が多いので委員が集まりにくい、というのが三つ目の理由だ。

どうにかして直近の決算に追い付かねばと、私は委員長時代に3年度分をまとめて審議した。参院の大きな役割の一つは「衆院のチェック」だから、その意味でも決算審議に力を入れた。

90年6月までの任期中、86年度、87年度、88年度の決算を審議したが、審議を終えたのは86年度分のみで、他は次へ持ち越された。そしてその86年度分を、与党議員が半数を割っているわれわれ決算委員会は是認しなかった。

参院本会議での質問にも慣れてきた。1989年の第114回国会では宇宙基地協力協定に関して軍事利用の可能性などを問いただした

是認しなかった理由は、政府が86年当時、所得減税や地価抑制策を行わなかったこと、会計検査院が決算検査報告で多くの不当事項を指摘していたことなどである。私は採決に先立って行われた総括質疑の際、不当事項の根絶を海部俊樹総理に訴えるとともに、開発途上国に対するＯＤＡ（政府開発援助）資金の実効性についても質問した。

決算が是認されなかったのは画期的だった（戦後初めてだったらしい）が、おかしなことに法的には何の効力もないのだ。政府は責任を取るべきだと思うのだが…。

委員長を退任した後も私は同委員会に所属し、91年には、バブル経済が始まった87

年度の決算について、政策転換の遅れが土地の高騰を招いたのではないかと橋本龍太郎大蔵大臣や日銀理事に質問した。

もう一方の法務委員会では90年6月の第118国会で、施行されたばかりの改正入管法に関して質問した。この改正によって在留資格の種類が増えたり、不法就労者の雇用に罰則が設けられたりしたのだが、内容が当事者にきちんと伝わっておらず、不法滞在と見なされることを恐れた外国人労働者が入管に殺到したり、日本人経営者が外国人労働者を突然解雇したりするなど、パニックが起きたからだ。

外国語による周知が不十分だったこと、日本の産業構造を外国人労働者が支えている実態を政府が認識していなかったことが大きな原因だった。在留外国人の人権問題は弁護士時代から取り組んでいたテーマの一つで、議員活動においても大きな柱となった。

宮沢総理に辞任迫る

1992年1月、第123回国会で社会党代表として代表質問を行った。相手は宮沢喜一内閣である。社会党の政策審議会とともに質問内容を考え、「時間」「空間」「人間」の三つの「間《ま》」をテーマに据えた。宮沢総理は91年の所信表明で、所得の高さだけでない真

参院本会議で社会党を代表し、三つの「間」をテーマに宮沢総理（左側、前列手前）に質問した　＝1992年１月、第123回国会

の先進国として「生活大国」を目指すと語った。そこで、生活先進国となるために三つの「間」の充実を社会党として提案したのである。

まず「時間」を充実させるものとして労働時間の短縮。次の「空間」の充実のためには土地と住宅を取り上げた。すなわち不動産融資の総量規制を政府が解除したことへの批判、土地の公有化の推進、公共住宅の建設推進および入居システムの見直しなどだ。三つ目の「人間」では障害者や高齢者の福祉、夫婦別姓などの家族関係、そして外国との関係（従軍慰安婦や強制連行などアジア諸国との問題解決、国際人権規約の自由権規約（Ｂ規

1992年10月、参院からの派遣でヨーロッパ(フランス、ギリシャ、イタリア)とエジプトを視察。視察団の団長は、元 警視総監で自民党の下稲葉耕吉さんだった　＝ギリシャで

約）選択議定書など人権関連条約の批准、在留外国人の施策や部落差別への法的措置の実施）を充実・改善することを訴えた。

そしてこの三つの「間」をつくる条件として、次の三つを挙げた。まず経済指標として、国民総生産（ＧＮＰ）ではない新たな総合生活指標をつくること。二つ目は地方の分権・自治を強化すること。具体的には地方分権特例制度（パイロット自治体）の実施である。同制度は92年に臨時行政改革推進審議会が提唱したものだ。また、市民団体や非政府組織（ＮＧＯ）への積極的な支援も挙げた。三つ目は行政情報の公開促進だ。

宮沢総理の答弁は一般的な総論に終始

し、がっかりした。だが、塩川正十郎自治大臣はパイロット自治体を「すばらしいアイデアだと思っている」と表明し、私の提案を「積極的に取り組みたい」と答弁してくれた。ちなみに同制度は翌93年11月に実施され、全国14市と長野県諏訪地方（6市町村）が初指定された。しかし関係省庁や都道府県側の抵抗もあって理想通りには運用されず、99年に終了した。

さて92年7月、参院選が行われ、私は2期目の当選を果たした。社会党は89年の大勝利とは異なり、現状維持にとどまった。直前の国会で「国連平和維持活動（ＰＫＯ）協力法案に徹夜の牛歩戦術で抵抗したことが、国民の意識とずれていたからだ」とされた。カネだけでなく人を出さなければ国際社会には貢献として認められない、という世論が主流となりつつあったのだ。

ところで前述の92年1月の質問を私はこうしめくくった。「足利政権や徳川政権は第15代将軍をもって最後となり、そこから新しい時代の幕が開きました。宮沢内閣も自民党第15代の政権です。総理、新しい時代にバトンタッチなさることを期待します」

議場はどっと笑いが起きたが、総理はむすっとしていた。私のような若造がよくも言ったものだと思うが、その後、本当に自民党単独政権は宮沢さんでいったん終わってしまっ

当時総理だった村山富市さんらと園遊会で（右端）　＝1994年10月、赤坂御苑

た。翌93年の衆院選の結果、次の総理に日本新党の細川護熙《もりひろ》さんが就任したのだ。非自民・非共産8党派の連立政権であった。

まさかの「村山総理」

1993年7月、細川護熙さん率いる日本新党が、結党後初の選挙となる衆院選でいきなり35議席を獲得。彼を総理とする非自民・非共産8党派の連立政権が成立した。社会党も8党派の一つだった。社会党からも閣僚が誕生し、各省の大臣室などにもスムースに入ることができるようになって政権が身近なものになった。この連立政権は、小さな党の寄せ集

議員団団長として参加した第４回世界女性会議で（前列右から３人目）。中央の男性は日本代表団の首席代表を務めた、官房長官の野坂浩賢さん＝1995年９月、中国・北京

めで「8頭立ての馬車」「ガラス細工」と揶揄されたものの、38年間続いた自民党の単独政権を終わらせたことは歴史的意味があった。

その細川内閣が9カ月弱で総辞職すると、新生党党首の羽《は》田《た》孜《つとむ》さんを総理とする羽田内閣が成立した。やはり非自民・非共産の連立政権だが、このときは社会党は連立政権に入らなかった。羽田内閣は約2カ月で総辞職し、94年6月、自民党、社会党、新党さきがけ（自社さ）による連立政権である村山内閣が誕生した。社会党の村山富市委員長が総理大臣に就任したのだ。

これには「まさか！」と驚いた。社会

党委員長を総理とする内閣は46年ぶりだったという。社会党の他の議員はどうか知らないが少なくとも私は、自社さ政権ができることも村山さんが総理になることもとくに知らされることはなかった。どこで誰が画策していたのか…。その後も政治がどのような力で動かされていくのかよく分からなかった。

そして、私も含め同党議員の大多数は自民党と連立を組むという発想がなかったどころか、連立に否定的だったと思う。「ええっ、自民党と？」「ええっ、村山さんが？」。すぐには信じられなかった。

そして自民党のすごさを実感した。野党の立場ではいかに何もできないか、細川・羽田内閣時代に骨身に染みたのだろう。「どんな形であれ、まずは与党に戻るぞ」という強い執念を感じた。

与党の一員となって分かったのは、「与党はものを動かすことが本当にできるんだ」ということ。例えば法案では、与党が内閣と調整した上で国会に提出する内閣提出法律案は、野党による議員提出法案と異なり、国会で断然承認されやすい。

もう一つ、野党時代との違いを肌で感じたのは95年に北京で開催された第4回世界女性会議のときのことだ。民間代表の他、超党派の女性国会議員23人が出席することになり、

自民党・社会党・さきがけの与党３党による、フランスの核実験に抗議する代表団の団長として訪仏（右から３人目）。大統領外交顧問にシラク大統領宛ての申し入れ書を渡した他、議会関係者などに核実験の中止を要請した＝1995年10月、フランス

私は与党議員ということで議員団団長に指名された。そして党から「事前に官房長官のところへ行くように」と指示され、野坂浩賢官房長官を官房長官室に訪ねた。

「北京の議員団の団長になりました」と報告すると、「そう。じゃあ…」と正規の費用とは別にお金を渡してくれた。「団員の食事代を出したりお土産を買ってあげたりしなければならないだろうから」と言うのである。そういえば、それまでの議員団での視察などで団長が皆の食事代を出してくれることがあった。何も考えずごちそうになっていたが、こういうお金からだったのだ。

官房長官がその裁量で使えるカネ（内閣官房機密費）が存在すること、政治を動かすには潤滑油というか「のりしろ」が必要であることを初めて知った。ただし同じ状態が続くと感覚が麻痺し、莫大なカネを個人が動かすのが当たり前になる。それを防ぐ意味でも政権交代が適度な頻度で起き、与党に緊張状態が維持されることが必要だ。後に官房機密費は国会で厳しく追及されることになる。

結党翌年に民主党入り

１９９６年1月5日、村山富市総理（社会党）が辞任を表明した。数日後、自社さ連立与党の党首会談において、橋本龍太郎自民党総裁を総理指名の統一候補とすることが決まった。そして同月11日の臨時国会で村山内閣は総辞職し、橋本内閣が成立した。非自民の総理はたった3人で終わり、宮沢喜一さん以来の自民党の総理が復活した。

村山さんが橋本さんに総理の座を譲ったのには唖然とした。結局社会党は自民党の復権に寄与させられただけだった。したたかな自民党にすれば赤子の手をひねるも同然だっただろう。

村山内閣を振り返ると、日米安保条約の堅持と自衛隊合憲を明言した一方で、「村山談話」により太平洋戦争における侵略と植民地支配を認めて謝罪と反省を公式に表明し、元従軍慰安婦のための「女性のためのアジア平和国民基金」を発足させた。また在任中、阪神・淡路大震災、地下鉄サリン事件が続けて起き、甚大な被害をもたらした。

社民党代表団の一員として訪米。マンスフィールド元駐日大使と　＝1996年

村山内閣の総辞職と同じ月に社会党は社会民主党（社民党）に改称した。かねて社会党内には、89年の東西冷戦終結や91年の統一地方選での大敗を受け、新しい党に生まれ変わろうという動きがあった。95年の臨時党大会では社会党の解党と新党結成をうたった「95年宣言」を採択してもいる。こうした動きの帰結としての社民党発足だった（一部の党員

は、社民党発足前に「新社会党」を結成した)。

ただしこの社民党は「次の新党結成に向けた過渡的な党」という位置づけだった。だから、96年9月に新党さきがけの鳩山由紀夫さんと菅《かん》直人さんの2人が共同代表となって民主党を結成したが、当初の予定ではこのとき社民党の国会議員全員が民主党結成に参加するはずだった。だが、民主党側が村山さんや土井たか子さんの参加を拒否したことで民主党への参加は個々の判断に委ねられ、移籍した議員はまず衆院を中心に約半数に過ぎなかった。

私はこの時点では、参院の多くの同僚議員と歩調を合わせ社民党に残った。96年の国会では、不良債権を抱えた住宅金融専門会社の処理問題、米兵による少女暴行事件(95年)に端を発する沖縄米軍の普天間基地返還問題に取り組んだ。環境特別委員会委員長に就任したのも96年だ。社民党代表団の一員として米国や中国、韓国への訪問もした。同党神奈川県連合の代表も務めていた。

96年10月の衆院選で、土井たか子さんを党首とする社民党の議席は半減した。小選挙区比例代表並立制を導入した初の選挙だった。旧社会党は長年小選挙区制に反対してきたが、93年に成立した細川連立政権に加わる際の条件の一つとして賛同に転じたのである。ただ

参議院議員
ちば景子
KEIKO CHIBA
未来を創り出すのはあなた。
その秘めた力が発揮できるように「自立」と「共生」の社会をつくります。
そしていざという際に必要なセーフティーネット「安心」を準備することは、政治の責任です。
KEIKO CHIBA
いつまでも美しい
平和な地球であるために
○「平和をつくる国」として生きること
アジアの人々と真の友好関係をつくる正しい歴史認識
国際交流の経験を生かした人間・環境中心のODA政策
身近な外国人市民の人権尊重が平和の原点
○資源循環型社会の確立のために循環経済法を検討
国民のライフスタイル転換のために環境教育を推進
みんなが一緒に安心して
暮らせるために
○高齢社会を人間らしく自立した生活で
介護システムの充実は人材の育成と身近に利用できる施設から
財産を適切に活用し自立した生活ー成年後見制度の確立ー
○中小企業の経営安定と働く者の生活保障が社会の基盤
産業を支える中小企業に対する公的融資の拡大を
健康に働き続けることができる雇用システムの確立
市民が主役の明日を
創るために
○行政の保有する情報は国民の財産ー情報公開法の制定
ガラス張りの行政で市民がコントロール
○規制緩和のなかで賢い消費者にー消費者取引法の制定
企業の公正自由な活動と消費者の賢い選択が経済の基本
情報提供、消費者教育、適切な紛争処理システムが不可欠
○納税者こそ国のオーナー、納税者の権利制度の確立
女性と男性のパートナーシップで
21世紀を
男性が疲れ果てても、女性の力が埋もれていても輝く21世紀は来ないでしょう。それぞれが力強く、しかしゆったりと、仕事に家庭に地域に生きられる社会が欲しいと思います。
ちば景子と共に　ちば景子後援会
KEIKO CHIBA

2期目、民主党入党（1997年）後に後援会がつくったパンフレット

し比例代表制をどう組み合わせるかについては議論が続いたものの、結局、小選挙区で落選しても「比例復活」があり得る複雑な制度になってしまった。また小選挙区制は大政党に有利に働くため、現在の野党の低迷の一因ともなっているように思う。

97年1月、私は民主党に入党した。初当選から10年が過ぎていた。「政権交代可能な二大政党制を目指し、リベラル勢力は結集すべきだ」と自分なりに考えた結果だ。支援者の皆さんからも「早く決断したほうがいい」と助言された。社民党県連合代表という立場でありながら移籍することに葛藤はあった。社民党からは「裏切り」だと強く非難され、覚悟していた以上に風当たりは厳しかった。そんな中、3期目を懸けた参院選が翌年夏に迫っていた。

波乱と激戦の3選目

私が入党した当時の民主党は穏健なリベラル派が多く、また泥臭さがなく知的な雰囲気があった。入党して4カ月後、1997年5月の第140回国会で、私は日銀法案について民主党として代表質問に立った。

翌98年夏には3期目を懸けた参院選が控えていた。だが、これが波乱続きだった。

民主党神奈川

参院選出馬向け 両者譲らぬ意欲

千葉、弦念氏招き会合

来年夏の参院選神奈川選挙区(定数三)の候補者選考を進めている民主党神奈川(葉山峻代表)は六日、幹部党員ら約五十人を集めた会合を横浜市内で開いた。公認申請中の現職の千葉景子参院議員(四九)と元湯河原町議の弦念丸呈氏(五七)の二氏が招かれ、政策や意欲をアピールした。両者譲らぬ強い意欲を表明したが、党員からは両氏に辛らつな質問も浴びせられた。

政策アピールでは、地方分権の推進、行政の情報公開、外国人問題への取り組みなどをそれぞれが主張。その後、党員が両氏に対して政策や立場について質問を行った。

千葉氏への質問は「次で三期目となるが長過ぎるのでは。活動のステージを衆院に移してはどうか」「自治労などから支持を受ける立場で党の行革方針を進められるのか」。千葉氏は「参院議員は首長と違い権限の集中ということもない。参院は長期的展望で取り組めるのが良い点なので引き続きやりたい」「行革といっても地方分権などさまざまなので問題はない」などと答えた。

弦念氏への質問は「公認漏れとなった場合、党員として千葉氏を応援する気はあるのか」。弦念氏は「次期参院選へは以前から出るつもりだった。準備を進めていた中で共感できる政策を掲げる民主党が結党されたので公認申請した。公認がとれなくても出馬するつもりだ」など強い決意を示した。

同党は、選挙区の候補者選考について九月末までに一本化する方針で、この会合は幅広く党員の意見を聞くのが目的。次期参院選に向けては、党内で千葉氏を推す社民党出身グループと弦念氏を推すさきがけ出身グループで綱引きが行われているとされ、一本化調整は難航も予想されている。

党員に対し政策アピールを行った千葉氏(右)と弦念氏=横浜市中区のラジアントホール

1997年9月7日の神奈川新聞。翌98年参院選に向け、ツルネン・マルテイさんと私は民主党の公認を得るため、同党神奈川が開いた会合で政策などをアピールした

まず、民主党の公認問題だ。私より先に同党に入党していた元 湯河原町議のツルネン・マルテイさんも出馬に向け公認を求めており、民主党神奈川はわれわれ2人に政策討論などをさせた結果、私を選挙区公認にし、ツルネンさんを比例代表上位に入れることを党本部に提案した。だが党本部の調整は難航。ツルネンさんが比例での出馬を望まなかったこともあり、結局ツルネンさんは離党して無所属で出馬を表明。私が公認候補となった。

二つ目は古巣である社民党とのしこりである。社民党と民主党は当初、私を神奈川選挙区の統一候補とする心積もりだった。だが社民党には、社民党県連合代表でありながら民主党に移った私への反発が強く、医師の阿部知子さんを独自に擁立した。両党とも支持組織は労組の全国団体である連合だ。連合は官民労組の一本化で結成された団体だが、旧総評、旧同盟、電機連合中心の旧中立労連の三つの系統が色濃く残っていた。社民と民主は、旧社会党を支持する旧総評系の労組票を取り合うこととなった（阿部さんは現在、立憲民主党の衆院議員だ。党の都合で対立した不思議な縁を、後に笑い合った）。

旧総評系が〝また裂き状態〟の中、私を支えてくれた中心的な存在が、2期目の選挙（92年）以来、親しくしていた電機連合神奈川地方協議会（電機連合地協）だ。親しくなったきっかけは東芝アンペックス争議だ。

「親会社と闘った労組」の項で書いた通り、弁護士時代、東芝アンペックスの労組が親会社である東芝につぶされそうになり、私の所属する神奈川総合法律事務所が支援したことがあった。92年の2期目の選挙に向け支持固めをする中で、労使協調を大切にする立場の東芝労組がこのアンペックスの件を持ち出し「千葉景子など支援できるものか」と言ってきた。そこで、東芝労組が属する電機連合出身の社会党（当時）議員が一席設けてくれた。ずらりと居並ぶ電機連合幹部に頭を下げ、お酌をして回った。内心「私の主義にそぐわない」とも思ったが、周りの人が必死で手を尽くしてくれたのだからと割り切った。相手も納得したわけではないだろうが、〝大人の対応〟で受け入れてくれた。

以来、電機連合との仲が深まり、98年の選挙では同地協事務局長（当時）の実野《じつの》輝男さんが選対の中心になってくれた。実野さんは政権交代可能な政党を育てなければとの熱意もあって、旧社会党支持だった組合に、民主党つまり私の支援をするよう説得して回ってくれた。おかげで98年4月、連合神奈川の旧総評系労組で構成される「憲法をくらしにいかす神奈川県民会議」（かなけん会議）、連合神奈川、電機連合地協の3者により「千葉景子神奈川県勤労者選対」が結成された。

そんな折、三つ目の波乱が起きた。98年4月に民主党はミニ政党3党と合流し、新たな民主党を結成した。ロゴマークも円形を縦に2つつなげた、お団子のようなマークに変更された。このとき合流した3党の源流の一つである旧民社党（支持組織は旧同盟系の労組）はもともと、新人の浅尾慶一郎さんを候補者として擁立しようとしていた。そして合流後まもない民主党の県組織はまだ一本化されていなかったため、浅尾さんがもう1人の選挙区候補として公認されたのだ。ただし選挙戦は全く別個に闘うことになった。私の支持労組は旧総評系だから労組票は割れないだろうが、看板は同じ「民主党」だ。市民票が割れることが懸念された。

団地回り、電車でGO

3期目を懸けた1998年の参院選。神奈川選挙区は改選定数が2から3に増えたものの15人が立候補し、「全国有数の激戦区」と報道されていた。

こうした中、「千葉景子神奈川県勤労者選対」事務局長の実野輝男さんが考案した作戦の一つが「団地回り」だ。ある程度以上の規模の団地を一つ残らず回って「つじ立ち」つまり屋外での演説を行い、その間にスタッフが政策ビラを1階の集合ポストに配るのである。朝夕は駅頭などに立つので、団地回りは主に平日の日中だ。

選挙運動中、私は何か言うとき「市民が主役の」「政権交代」の文言を必ず入れるよう意識した。「市民が主役の」は旧民主党(98年以前)のキャッチフレーズで、1人1人が個人として尊重される社会や政治を象徴している。「政権交代」は民主党が98年に新しい民主党として結成されたときに掲げた、党の存在意義にも関わる大目標だ。また3期目にぜひ成し遂げたいこととして、行政情報公開法の成立、選択的夫婦別姓などの民法改正を挙げた。いずれも1期目から取り組んでいたが、なかなか実現にこぎつけられなかった。

実野さんが考案した二つ目の作戦が「電車でGO」だ。作戦名は当時はやっていたアーケードゲームにあやかった。移動を電車で行うことで、駅頭演説や、民主党幹部や同党議員に来てもらっての応援回数をできるだけ多くするのである。電車は渋滞がなく運行が正確なので、スケジュールを詰め込んでも安心だからだ。たすきを掛けた私が、揃いのＴシャツを着たスタッフ２人と電車に乗り込むと乗客の注目を浴びるので、その点でも効果があった。

公示日の６月25日は鳩山由紀夫幹事長代理を横浜駅前に迎えた。27日は秦野に鷲尾悦也連合会長が応援に来た。７月２日は午後０時半に上大岡駅、同２時半に横浜駅西口で民主党菅《かん》直人代表と落ち合った。菅さんは「情報公開制度づくりに千葉景子は必要だ」と強調してくれたほか、「投票率が上がれば政治が変わる」とも訴えた。４日は鳩山邦夫副代表そして横路孝弘総務会長、最後の日曜日である５日は桜木町駅

JR町田駅前での「越境遊説」。東京都町田市は神奈川県に隣接しており、相模原市や大和市などに住む人が多く行き交う。いわゆる神奈川都民に呼びかけようと私が考案した作戦だ　＝1998年６月（撮影＝神奈川新聞社）

３選に向け街頭演説。民主党参院議員の岡崎トミ子さんが応援に来てくれた＝1998年５月、横浜市

前で鳩山由紀夫幹事長代理、6日は羽田孜幹事長を迎えた。10日は鳩山由紀夫さんの妻である幸《みゆき》さんとともに、元町商店街で買い物客の皆さんに握手をして回った。

選挙戦最終日の7月11日は「電車でGO」で小田原、本厚木、大和、相模大野、藤沢、桜木町、汐入など県内9カ所を広く回り、駅前で待機する党幹部らとともに支持を訴えた。午後4時には桜木町駅前で菅さんを迎えた。締めは午後6時から川崎だ。「勤労者選対」で川崎地域をまとめてくれた田代殖《しげる》さんとともに、川崎駅前の商業ビル「ルフロン」前広場で最後の演説をした。そして選挙カーで川崎、横浜市内を時間ギリギリまで巡回した。

翌12日の投票日。夜、事務所でスタッフとテレビの開票速報に見入った。真っ先に当確が報じられたのは、民主党のもう1人の公認候補となった浅尾慶一郎さん。続いて共産党の畑野君枝さんに当確が出た。最後の1人が出ない。夜が更けてくる。そんな中、神奈川新聞の西郷公子記者が当選のコメントが欲しいと訪ねてきた。実野さんが「まだ当確が出ていないけど」と言うと、「私が責任を持ちます。今取材しないと朝刊に間に合わないので…」。それならと、当落が不明にもかかわらず取材を受け、当選のコメントをした。われながら度胸があったというか図々しいというか…。3人目の当確者として私の名前が出たのはその少し後、深夜0時半ごろだった。

過去2回とは比べものにならない厳しい選挙戦だった。4位のツルネンさんとの差はわずか約7600票。ある新聞は「薄氷の3選」と書いた。

また、ある新聞には、労組票が割れることに危機感を持った連合神奈川が終盤まで粘って千葉景子支持の方向で取りまとめたこと、2期12年の知名度が無党派層の支持を得たことが、滑り込みセーフにつながったと書いてあった。私が思うにそれらの要因に加え、この選挙ではそれまで以上に自分の足で歩き、膝を交えて顔の見える仲間をつくったこと。

それが最後の最後に私を助けてくれたと思う。

この選挙では、当選確実と見られていた自民党の斎藤文夫さんが落選し、皆びっくりした。その後斎藤さんとは更生保護活動でご一緒させていただいている。

自民党は大敗し橋本総理は退陣。民主党は躍進し、政権交代できる政党へと大きく踏み出した。

ちなみにこの選挙の投票率は58．8％。前回95年参院選の44．5％を14ポイントも上回った。期日前投票（当時は不在者投票と呼ばれた）の条件緩和、投票時間が2時間延長されたことが大きな理由とされた。報道等では、投票率の高さは無党派層の投票増加を示しており、それが民主党への追い風となったと分析された。菅さんの言った通り、投票率の上昇が政治を変えることになった。

労働組合の選挙支援

参院選のような大型選挙は労働組合等の組織力が不可欠だ。私の場合、前述の電機連合やいわゆる旧総評系といわれる自治労、教組、ＮＴＴ、郵政はもちろんのこと、連合傘下の全たばこ（全日本たばこ産業労働組合。たばこおよび関連産業を中心とする労働者の労

企業の労働組合で講演 ＝2007年６月

組である。私が愛煙家だから支援してくれたわけではないと思うが…）、全駐労（全駐留軍労働組合。在日米軍基地で働く駐留軍労働者等の労組である）、ＪＥＣ連合傘下の化学一般労連（化学一般労働組合連合。中堅・中小企業の化学関係を中心とした会社で働く労働者・労働組合が集まる産業別組織である）などが、準組織内候補、重点候補として支援してくれた。

ＮＴＴ労働組合の前身である全国電気通信労働組合（全電通）の委員長だった山岸章さんは、連合結成の立役者であり初代会長でもあった。政治の面では、社会党など民主リベラル勢力の結集を目指しており、細川内閣の成立に尽力した方だ。

自治労や日教組は大組織ゆえの悩みもあったようだ。3期目を懸けた選挙のとき、「憲法をくらしにいかす神奈川県民会議」（かなけん会議）が私の応援に回ってくれた（「千葉景子神奈川県勤労者選対」を結成した3者の1つ）ことは前述したが、かなけん会議を構成する連合神奈川の旧総評系労組（自治労や県教職員組合など）のうち、地区教組の中には社民党の阿部知子さんの支援に回ったところもあったし、他の労組でもそれまでの社民党との関係から阿部さんを支援したところがあった。後に県教組が民主党に軸足を揃えてから、ある地区教組の委員長が当時の苦しかった胸の内をそっと明かしてくれた。組織をまとめることの難しさ、選挙に勝つための冷酷さを改めて感じた。

「慰安婦」法案を提出

1998年8月、予算委員会で質問に立った。相手は自民党の小渕恵三総理はじめ質問通告をした関係大臣だ。前月の参院選の大敗で総辞職した橋本内閣の後継内閣である。育児休業給付の給付率引き上げや女性の年金制度等を質問後、従軍慰安婦問題について質問した。同年4月、山口地裁下関支部で韓国の元従軍慰安婦3人を原告とする裁判の判決が下り、国に対し3人への賠償が命じられたからだ。

従軍慰安婦問題の法案の審議入り（第154回国会、参院内閣委員会）を前に、成立を目指す議員たちで決起集会を開いた（右端）　＝2002年５月、東京・永田町の参議院議員会館

この判決をどう受け止めるか尋ねたところ、小渕総理が「政府としては95年に設置したアジア女性基金を通じて誠意を表したい」と言うので、「そのアジア女性基金だけでは十分ではないから、こうした訴訟が起きている。政府の姿勢が問われている」と突っ込んだが、総理の答えは変わらなかった。

翌99年、民主党は政権交代に備え、英国の「影の内閣」に倣ったネクストキャビネット（次の内閣）を構想。私は10月に男女共同参画・人権・総務担当のネクスト大臣に〝就任〟した。

２０００年４月、民主党は「戦時性的強制被害者問題の解決の促進に関する法律案」を参院に提出した。戦時性的強制被害者、すなわち元従軍慰安婦の尊厳と名誉の回復のため、日本政府は謝罪と金銭支給を行うべきだという内容である。この課題に熱心に取り組んでおられた本岡昭次さんを筆頭に、江田五月さん、輿石東さん、竹村泰子さん、円より子さん、私の6人で発議した。男女共同参画という考え方のもと、発議者には女性議員だけでなく男性議員も入れようという党の姿勢があったと記憶している。

だが、同法案はこのときの国会で審議に至らず廃案になった。その後何度も提出したが、きちんと審議されたのは02年の第154回国会の参院内閣委員会においてのみである。このときの発議者は民主党議員である円さん、岡崎トミ子さん、私の他、共産党の吉川春子さん、社民党の田嶋陽子さんら超党派の女性議員7人だった。私は「国と国との賠償は解決済みだが、個人への謝罪や賠償、名誉回復は行われていない。その措置を取ることで真の解決ができる」と述べた。また、岡崎さんは被害者の1人である宋神道《ソンシンド》さんを宮城県から傍聴に招き、彼女が事前に語った心情を読み上げた。だが法案は成立しなかった。

一方、民法の一部改正法案が1999年12月、第146回国会の法務委員会で審議された。発議者は福島瑞穂さん、江田五月さん、吉川春子さん、私など計10人で、私が趣旨説明を行った。改正案の内容は、女性の婚姻年齢引き上げ、女性の再婚禁止期間の短縮、選択的夫婦別姓の導入、別姓夫婦の子の姓の称し方、嫡出子も非嫡出子も相続分を同等とすること、である。日本の民法が定める制度は家族単位でつくられているせいで、時代に合わなくなっていた。個人単位に変更すれば誰もが生きやすくなる。とくに選択的夫婦別姓については、私は議員1期目から取り組んでいた。

私の議員在任中は実らなかったが、その後、女性の婚姻年齢引き上げおよび再婚禁止期間短縮、非嫡出子の相続差別解消は実現した（女性の再婚禁止期間については、16年に6カ月から100日に短縮。22年には廃止が決定し、24年から施行）。ただし選択的夫婦別姓はいまだに実現していない。法務大臣在任中、あと少しのところまで行ったのだが…。これについては改めて詳述する。

知る権利、国民主権と情報公開

1998年の3期目の選挙の際、私はぜひ実現したいことの一つに行政情報公開法を挙げた。同法実現については1期目（86年〜）から取り組んでおり、89年には社会党の情報公開制度対策特別委員会の事務局長に就任。同委員会では野党共同で法案を提出すべく他党と協議を重ねたほか、弁護士や自治労、市民の皆さんからも問題点を挙げてもらった。

2001年、民法改正を求める記者会見で左から共産党の林紀子《としこ》さん、民主党の私、いずれも社民党の福島瑞穂さん、清水澄子さん、辻元清美さん。情報公開と並び民法改正も、私が１期目から取り組み続けた課題だ　＝東京・永田町の議員会館

90年の米国訪問の際には、消費者運動の草分けであるラルフ・ネーダー氏のグループから情報公開制度について助言を受けた。

情報公開の法制化は地方自治体で条例化が進んでいたものの、国レベルではなかなか進展しなかった。93年６月、参院の野党６会派で「行政情報の公開に関する法律案」を国会に提出。私も発議者の１人となった。情報公開制度の専門家である森田明弁護士（私の司法修習同期）も力を貸してくれた。弁護士出身の参院議員である井上哲夫さん（後に四日市市長）が当時情報公開に熱心に取り組んでいたことも、法案提出の推進力となった。

　このときは残念ながら宮沢喜一内閣による衆院解散で廃案になったが、非自民の細川護熙内閣が同年8月に成立すると、法制化への流れは急速に進んだ。その後、98年3月に橋本龍太郎内閣が国会に情報公開法案を提出した。

　法制化が間近になった99年の第145回国会（小渕恵三内閣）の参院総務委員会で、私は同法案について質問をした。相手は太田誠一総務庁長官（自民党）だ。まず、「『知る権利』が憲法で保障された権利だと認識していますよね？」と確認した。だが太田長官は情報公開との兼ね合いで予防線を張って、「『知る権利』という文言は憲法に書かれていない」と言う。どう尋ねても、「『知る権利』が憲法で保障されている」とは決して言わないのだ。

　その代わり長官は「国民が行政文書の開示を請求する権利は憲法上認められている」と言ったので、私は「それこそが『知る権利』ですよ。ということは、情報公開法は『知る権利』を現実に保障するための法律ですよね？」と問うた。だが長官は「われわれは、行政情報の開示を推進する目的で情報公開法案をつくったのであって、『知る権利』は頭になかった」とかたくなである。

「だったら今日から頭に置いていただき、情報公開法は『知る権利』を保障する法律であると条文に明記してください」と要求した。翌々日も太田長官に同じことを要求したが、長官は同意しなかった。

「知る権利」について、憲法上の権利であることや情報公開法と密接に関係することを何度も確認したのは、国は同法を通して国民の「知る権利」を保障すること、そして同法が国民主権を体現するものであることを国会で政府に明言させたかったからだ。

情報公開法は99年5月に制定され、2001年4月に施行された。だが「知る権利」という文言は同法に明記されず、改正を重ねた現在も記されていない。

支援者から「仲間」へ

1986年の初出馬の際、私の前任者である竹田四郎さんから「自分の足で歩いて人に会いなさい」「〝町場《まちば》〟じゃないところも積極的に回りなさい」と教わった。だから議員時代は都市部以外のあちこちによく通った。

津久井郡相模湖町（現 相模原市緑区）はその一つだ。1期目のとき、津久井郡を含む旧神奈川3区選出の社会党の加藤万吉衆院議員と「相模湖・ダム建設殉職者合同追悼会」に同行した。相模ダムとそのダム湖である相模湖の建設は、軍部が水没地域の住民の反対を強硬に抑えつけて1940年に着工した。住民や動員学徒、日本各地からの労働者、中

毎年参加している「相模湖・ダム建設殉職者合同追悼会」＝2008年７月

国人兵士の捕虜、中国や朝鮮半島から強制連行された人などが従事させられ、80人以上が亡くなったという。

追悼会は、住民有志による実行委員会が79年から毎年7月に実施している。かつては湖畔に立てたパイプテントで行われ汗だくになったものだが、現在は県立相模湖交流センターで行われ、相模原市や県、中国大使館や横浜韓国総領事館なども参加。私も毎年参加している。相模ダムの歴史を学び直そうという側面もあり、毎回大変勉強になっている。

93年に相模湖に場外舟券売り場の設置計画が持ち上がったときは、住民の皆さんからの反対意見を担当省庁に申し入れたりもした。

実は津久井郡とは弁護士時代から縁があっ

松田町の皆さんと最明寺史跡公園で「桜を楽しむ会」。私（前列右から４人目）の向かって左隣の男性が持つ遺影は、同公園整備ボランティアの中心だった田代義男さん　＝松田町、2004年

た。所属していた神奈川総合法律事務所が同郡のうち３町で町議主催の法律相談を請け負っており、私は藤野町担当として３カ月に１度通った時期があるのだ。２時間待機して誰も来なかったり、高齢の女性が相談とも世間話ともつかないおしゃべりをしに来たりした思い出がある。

これが縁で町議や地域の人たちと親しくなり、議員になってからも折に触れ訪ねるようになった。それは現在も続いていて、皆さんは「こんなところまでよく来るねえ」といつも温かく迎えてくれる。

一方、松田町をはじめとする足柄エリアは、同エリアを含む旧神奈川５区を選挙区としていた社会党の富塚三夫衆院議員（後に民主党）のご縁だ。富塚さんの支持者が行う河原でのバーベキューなどに誘われるうち、皆さんと親しくなり、富塚さんが96年に引退すると後を引き継ぐ形になった。

当時こうした地域の皆さんが、松田山山頂近くにある最明寺史跡の整備をボランティアで行っていた。いろいろな種類の桜の苗木を植えたり池を清掃したりして一帯が整備されると、私を毎年花見に呼んでくれた。現在は最明寺史跡公園になり、桜の名所である。2023年も皆さんと花見をした。

また藤沢市の椎野幸一さんとは、同市議選の選挙応援を通して知り合った。「うちで作った野菜を持っていくか」と言われ、行くたびに野菜をもらううちにお仲間づきあいが始まった。椎野さんは、藤沢市北西部の御所見地区で私の後援会を立ち上げて、会長になってくれた。今も折々に訪ねると、野菜を持たせてくれる。

こうした県内各所の皆さんが、選挙になるとポスターを貼ったり周囲に支持を呼びかけたりしてくれた。議員退任後の今も大切な仲間であり、お付き合いが続いている。幸せに思う。

在留外国人に人権を

神奈川県には第2次大戦以前から中国や朝鮮半島出身の在留外国人が多く、またそういった人々への支援団体も多い。例えば、川崎・桜本には在日コリアンの支援団体があるが、私はこうした団体と、弁護士団体などを通して付き合いがあった。横浜市泉区と大和市にまたがる県営いちょう団地には外国人住民が多く、団地祭りなどでよく訪れた。外国にルーツを持つ子どもたちに横浜市南区で学習支援を行う、NPO法人在日外国人教育生活相談センター・信愛塾とは、30年以上交流している。こうした支援団体や前述の社会文化法律センターから現場での困りごとや課題について情報提供してもらい、国会での質問につなげることもあった。

不法滞在となってしまった外国人についての相談が支援者から寄せられることも多かった。また、日本は多重国籍を認めていないので、わが子が外国で生まれ育った場合一定の期限までに国籍を日本か外国か選ばなければならない。だが、どうしても選ぶことができずに悩んでいる女性の陳情を受けたこともある。難民については、法務省に働きかけ、難民問題に理解の深い有識者を何人か、難民認定に関与する「難民審査参与員」のメンバーに入れたこともあった。

「姜さん家族の在留特別許可報告集会」にて。姜さん家族への在特については川崎・桜本の支援者の皆さんからの熱心な働きかけがあり、私も法務大臣に掛け合った。地域にしっかりした受け皿があることが、在特を得る大きな条件になると痛感した。地域の支援者の皆さんから多くを学ばせていただいた　＝2008年、川崎市

外国人への人権侵害という面で大きな問題だったのが外国人登録法である。同法は、在留外国人に対し外国人登録証明書の常時携帯や不携帯の際の刑事罰を定めていた。銭湯へ行く途中の外国人が登録証明書不携帯だからと警察に連行され、長時間取り調べられたケースもあった。

　登録の際などに義務付けられていた指紋押捺は、92年および99年の同法改正で廃止された。廃止前、92年５月の第１２３国会参院法務委員会に参考人出席した政治学者の姜尚中《カンサンジュン》さんが、同法の根幹にある差別と監視の思想、在留外国人を法体系に組み入れる際に必

要な観点などについて体験談を交えて論理的に意見を述べたことは強く印象に残っている。

一方、登録証明書の常時携帯義務および不携帯の場合の刑事罰はそのままだった。私は99年の国会で5度にわたり、同法の根幹には外国人を「管理」する考え方があるとして、差別的で人権を侵害している法律だと強く批判した。

同法は2012年にやっと廃止され、外国人も住民基本台帳に載るようになった。中長期に在留する外国人には在留カード、特別永住者（主に、第2次大戦終結以前から日本に住む台湾・朝鮮半島出身者とその子孫）には特別永住者証明書が交付される。在留カードには常時携帯の義務があるが、特別永住者証明書にその義務はない。

司法制度改革

2001年、小泉純一郎内閣のもと「規制緩和」を背景に司法制度改革が進められた。今思うと「司法」が初めて日の当たる政治の中心に持ち出され、日本弁護士連合会はじめ司法関係者は舞い上がっていた。このときとばかりにさまざまな改革が一気に行われた。

高く評価されているのは、労働審判制度の創設だ。民事上の個別労働紛争を、労働審判官（裁判官）と労働審判員が関与しながら迅速に解決する制度である。制度設計には、神

在留外国人問題と並行し中国残留孤児問題にも取り組んだ。訪日調査団の激励会で（前列中央）　＝1999年11月、国立オリンピック記念青少年総合センター

奈川総合法律事務所の鵜飼良昭弁護士が司法制度改革推進本部労働検討会の委員（02年～04年）として尽力した。鵜飼弁護士は90年代に日本労働弁護団の幹事長を務めており、司法制度改革後の12年～15年は同団の会長も務めている。

一方、現実離れした理想論で突き進んでしまったものもある。例えば市民感覚を取り入れるための裁判員制度だ。主権者が司法に関与することの意義はたしかに大きいが、死刑判決もあり得る刑事事件に導入したため裁判員の負担が大きく、辞退者も多くなってしまっている。また、幅広い法曹を養成しようと全国に設置した法科大学院は、学生募集停止や廃校、定員割れが相次いでいる。司法制度改革自体は画期的だったが、現実に即して見直す必要があると感じている。

超党派での議員立法

2000年代初め、3期目の私は議員立法にいくつか関わった。

例えば00年に成立したストーカー規制法（正式名＝ストーカー行為等の規制等に関する法律）だ。1999年に起きた桶川ストーカー殺人事件を機に、民主党の男女共同参画局やネクストキャビネットで法案を議論した。私も男女共同参画・人権・総務担当のネクスト大臣として議論に参加。男女共同参画局長だった竹村泰子さんが国会で同事件を取り上げ、同法の成立につながった。

2001年成立のDV防止法（配偶者からの暴力の防止及び被害者の保護等に関する法律）は参院の超党派の女性議員による議員立法だ。参院の「共生社会に関する調査会」が00年に南野《のおの》知恵子さん（自民党、後に法務大臣）を座長、小宮山洋子さん（民主党）を副座長として設けた「女性に対する暴力に関するプロジェクトチーム」で討議を重ね、本会議に法案を提出した。私は同調査会委員として関わった。

3期目のころ、超党派の国会議員でつくる「国会コーラス愛好会」で4、5年間活動し、ミニ演奏会にも参加した（前列左から5人目）。指導と指揮はオペラ歌手の岡村喬生さん（同右から6人目）。枝野幸男さん、江田五月さん、羽田孜さん、同会幹事の簗瀬進さんらの顔も見える　＝2003年ごろ

03年成立の性同一性障害者特例法（性同一性障害者の性別の取扱いの特例に関する法律）も南野さんを中心に参院超党派で法案をまとめた。人権擁護法案の一つという位置付けだ。当時は性同一性障害に対する社会の意識が低く、とくに自民党の年配男性議員はその存在さえ知らない人も多かったようだ。だが、議員立法は与党が賛成しなければ成立しない。私の想像だが、自民党議員が法案に賛成したのは南野さんのおかげだと思う。看護師の経験があり看護学の教授でもあった彼女は、相手が誰でもにこやかに「大丈夫よー」と言って納得させてしまう不思議な力があったからだ。「よく分から

ないが、南野さんが必要だと言うなら…」と自民党の男性議員らも協力したのではないか。彼女がいなければ同法の成立はもっと遅れたと思う。

「取り調べの可視化」を初めて公式記載

2003年、「裁判の迅速化に関する法律案」の付帯決議に「取り調べの可視化」について の一文を記載することができた。取り調べの可視化については同年の法務委員会で審議されてきており、同委員会理事だった私は長年取り組んできた「可視化」という文言をどうしても同法律案に入れたかった。だが自民党が消極的だったせいで、入れることができなかった。そこで、せめてもの思いで「取調べ状況の客観的信用性担保のための可視化等を含めた制度・運用について検討を進める」という一文を含む付帯決議を提案したところ、可決されたのだ。「可視化」という文言が、このとき初めて国会で公式に記録された。

付帯決議とは、法案に入らなかった案件を付記しておくものだ。法案に入れることを反対した議員も、付帯決議なら「あまり効力もないし、まぁいいか」と同意してくれる場合が多い。とはいえ効力が皆無というわけでもなく、このとき「可視化」を付帯決議に入れたことが糸口となって、10年に「検察の在り方検討会議」が設置され（私が座長を務めた）、

16年の刑事訴訟法改正における取り調べの可視化導入につながった。

ずっと後年、このときの可視化をめぐる話を、当時私と同じく法務委員会理事だった荒井正吾さん（自民党、当時は初当選から3年目。後に奈良県知事）から聞いた。「実は、内閣や法務省から『可視化という言葉を法案に入れないように』と言われていたんですよ」とのこと。自民党が消極的だったのはそうした背景もあったのだ。荒井さんは「だから、あのとき付帯決議に入れられて弱りましたよ。でも今思うと、可視化は必要なことですね」とも言っていた。

さて、02年、私は民主党のネクスト法務大臣に就任。参院3期目ということでだんだん中堅以上の立場になりつつあった。03年9月、同党は小沢一郎さん率いる自由党を合併（「民由合併」）し、衆参で２０４人という大所帯となった。同年10月、選挙運動期間中のマニフェスト（政権公約）配布を可能とするよう公職選挙法が改正され、小泉純一郎内閣は衆院を解散。11月の衆院選実施が決定した。

民主大躍進の４期目

２００３年の衆院選は、初めてマニフェスト（政権公約）が打ち出された選挙だった。

マニフェストはそれまでの選挙公約と異なり、政策の実施期限や数値目標を、費用面も含めて具体的かつ現実的に示した点が画期的だった。

民主党も衆院選に向けて作成したが、どの議員も自分の担当課題を1行でも入れたいので党内で攻防があった。私はネクスト法務大臣として同党が男女共同参画や人権問題に積極的であることを明示せねばと、政府から独立した国内人権機関の設置、選択的夫婦別姓などを入れるべく働きかけた。人権機関は入れることができた。だが、夫婦別姓は別冊の政策集には記載できたものの、残念ながらマニフェストには入れられなかった。

このマニフェストは03年10月、衆院解散直後に発行された。表紙は菅《かん》直人代表だ。横浜・関内の私の事務所ビルの前に「ご自由にどうぞ」と積んでおいたら、置いても置いてもなくなった。多くの人がマニフェストに関心を持っていることを実感した。この衆院選では各党がマニフェストを提示し、「マニフェスト」は同年の「新語・流行語大賞」年間大賞の一つに選ばれたほどだった。

選挙戦で「政権交代」を打ち出した民主党は、選挙前月の「民由合併」により無党派層も取り込み、大幅に議席を増やした。選挙後の議席数は民主党177、自民党240（追加公認含む）。政権交代や二大政党制が見えてきた。米国ではクリントン政権（1993

民主党が1999年に発足させたネクストキャビネットのポスター。私は「男女共同参画・人権・総務」を担当、唯一の女性閣僚だった

〜2001年）、英国ではブレア政権（1997〜2007年）と、若手トップ（就任時いずれも40代）のリベラル政権が登場していた。「日本でもできるんじゃないか」「いつまでも野党でいるわけにはいかない」とわくわくした。

翌04年、4期目を懸けた参院選が行われた。民主党代表は岡田克也さんだった。菅さんが年金未加入発覚（後に行政上のミスと判明）により代表を辞任、代表代行だった小沢一郎さんも代表就任を辞退したからだ。菅さん・小沢さんの「二枚看板」が消えたことで厳しい戦いが予想された。大きな争点は年金改革と自衛隊のイラク派遣だった。

神奈川選挙区の改選定数は3。前回（1998年）は私と浅尾慶一郎さんの民主党2人、共産党の畑野君枝さんが議席を獲得したが、「今回は民主党が2人当選するのは難しい」と党内外が認識していた。だが結果は浅尾さん2位、私が3位で2人とも当選した（1位当選は自民党の小泉昭男さん）。民主党の最大の支持組織である連合神奈川が浅尾さんと私とに支援労組をうまく振り分けたからだとされたが、それとともに有権者の民主党への大きな期待があったからだと思う。前回より33万以上多い84万票余りが私に投じられていた。民主党票を浅尾さんと私が奇跡のように二分する形となって、関係者は皆びっくりした。また、当時政界で新保守主義が台頭していたので、私の当選により「『市民派リベラル』

角田義一参院副議長（民主党）（左から３人目）らとともに中国を訪問（同５人目）。議会間交流の合意を結んだ　＝2005年11月

が守られた」とする報道もあった。

民主党はこの参院選で50議席を獲得。改選後の議席数は自民党１１５、民主党82。参院においても二大政党制に近づいてきた。政権交代に王手がかかった。

政権交代前夜の葛藤

２００５年９月、後に「郵政選挙」と呼ばれる衆院選が行われ、自民党が大勝。民主党は大敗した。

06年９月、民主党の広報委員長になり、翌07年の参院選に向けたテレビコマーシャル制作に関わった。内容は公募で選ばれたもので、題は「生活維新。」。同党の政治理念は「政治とは生活である」だっ

「郵政選挙」の行われた2005年、横須賀で活動する呉東正彦弁護士（右から２人目）や原子力空母の横須賀母港化に反対する団体や市民とともに12月に訪米。米国国務省等と会談後、ホワイトハウス前で原子力空母（ＣＶＮ）配備への抗議行動を行った（左から５人目）

たから、同党が今後政権を取って国民の生活を新しく変えますという意味らしい。制作は広告代理店に依頼するのだが、党の担当者いわく「電通は自民党が使っているから、うちは博報堂に頼みます」。電通と自民党との近さを初めて知った。

収録を丸1日かけて行うというので、差し入れを持って横浜・都筑区にある貸スタジオに行った。帆船のセットの上に小沢一郎代表、菅《かん》直人代表代行、鳩山由紀夫幹事長がちゃんと揃っており、台本通りに演技をしていた。06年12月末から放映されたＣＭはこんな感じである。

嵐の海で大揺れする帆船。風雨に打たれながら舵輪《だりん》を回す小沢、錨の巻き上げ

2007年４月には、参院選の前哨戦と位置づけられる統一地方選が行われた。民主党の健闘を同党県連幹部とともに喜ぶ（中央）　＝2007年４月、民主党県連本部

装置を回す菅、帆のロープを引く鳩山。「国民の暮らしは嵐の真っただ中」とナレーション。小沢が「わーっ！」と投げ出され、菅と鳩山が左右から助け起こす。嵐がやみ、厚い雲が切れ陽光が差し込む。3人で声を揃え「生活維新だ」。ナレーションで「明日の生活を切り開く、民主党」。

「難破船だ」とからかわれもしたが話題になり、「次の放映はいつ？」という声に応え、放映される日時やチャンネルの一覧表も配布した。このときまた知ったのは、テレビ局のどの放映枠にどのＣＭを入れるか決めるのは広告代理店であること、そしてＣＭを放映するたびにお金がかかることだった。広報には資金力が必要だとよく分かった。

こうして迎えた07年7月の参院選。ここで勝利して政権交代へつなげようと、私も候補者の応援にあちこち飛び回った。結果は、安倍晋三総理率いる自民党が「消えた年金」問題で大敗、民主党は60議席を獲得して大勝した。参院で与野党が逆転し、政権交代の実現が近づきつつあった。

だが、私は葛藤していた。学生時代から労働者や市民の側で権力と闘い、野党議員として政府の問題点を追及してきた。その私が、政権交代が実現したら権力側に立つことになる。市民や労働者の権利を守ることと、権力の一員になることとが自分の中で相いれなかった。

だが一方で「政権を取れば自分たちの理想の政策を実施できる。政治家である以上、政治を動かす側にならなければ意味がないではないか」、そんなふうにも思った。議員として20年以上を経験して、ようやく「政治家」の端くれになれたということかもしれない。

それ以上に大きかったのは、抗うことのできない時代の流れだ。この流れに乗れ！という内側からの声に突き動かされるようだった。「政権を取れば理想の政治が…」は後付けの理屈で、正直に言えば、当時はそこまで自分の気持ちを整理できていなかった。ただ、権力と闘ってきた自分が権力の一員となることへのもやもやは、いつも意識しておこうと心に決めた。その思いが小さな「とげ」のように心に刺さったまま、党や時代とともに政権交代へと進んでいった。

第四章　政権交代と法務大臣就任

政権交代

２００９年７月21日、麻生太郎内閣が衆院を解散。８月30日に衆院選が実施されることになった。この２年前、２００７年７月の参院選で民主党は大勝し、参院では与野党の勢力が逆転していた。また、衆院解散直前の09年７月12日に行われた都議選でも民主党は躍進し、都議会第１党となっていた。こうした背景からマスコミも世間もこの衆院選を「政権選択」の選挙と位置付け、民主党の鳩山由紀夫代表や菅《かん》直人代表代行は全国を遊説し「政権交代」を訴えて回った。

幹部らは神奈川県にも頻繁に訪れた。私は同党県連の副代表だったので、司会や前座の演説などに出向いた。このときの街頭演説は、動員をかけなくても続々と人が集まった。解散前日に鳩山さんが金沢文庫駅前で演説した際は人の多さと熱気に驚いた。演説後は、握手を求める人に囲まれていた。報道によれば、鳩山さんの横浜駅前での演説で約千人、菅さんの本厚木駅前で約６００人、岡田さんの上大岡駅前で約４００人が集まったという。投票前日、東京・池袋駅での鳩山さんの演説には３千人以上が集まった。

投票日の夜は県連の選挙対策本部で開票速報を見守った。民主党候補者は次々と当選した。私は当選者の事務所が近ければ急いで行って、一緒に「万歳」をしたりした。

衆院選投開票日の夜、民主党県連に駆け付けた当選者らと（左から２人目）。左３人目から中塚一宏さん（神奈川12区当選）、城島光力さん（同10区）、笠浩史さん（同９区）。左端は横浜市議の花上喜代志さん、右端は参院議員の水戸将史さん　＝2009年８月、横浜市中区

民主党は３０８議席を獲得し、衆院第１党となった。国民の皆さんが「政権運営を一度任せてみよう」と思ってくれたのだ。政権交代の実現である。

覚悟を決め、内示を待った

９月16日、国会で鳩山さんが内閣総理大臣に指名され、鳩山内閣が誕生することになった。

実はこの数日前、当時、民主党参院議員会長だった輿石東さんから私に連絡があった。輿石さんは元は社会党の衆院議員で、以前から旧社会党グループとして親しくしていた。従軍慰安婦関係の法案を一緒に発議したり、相模湖町（現　相模原市緑区）

にお住まいなので同町に支援者を訪ねた際にご自宅に寄ったりもした。その輿石さんが「何かが来るから、組閣のときは議員会館の自分の部屋にいるように」と言うのである。新内閣のポストのことだ。おそらく、参院からも大臣を出すよう鳩山さんたちにずけずけ言って、私を推してくれたのだ。

私は参院議員4期目の最後の年（24年目）で、党内ではベテランの部類になっていた。だから大臣に任命されるかもしれないと予想はしていた。大臣になればこれまで自分が主張してきた政策を進めることができる。一方で、前述したように「権力の一員になっていいのか」という葛藤もあった。だが最終的には、4期目ともなれば責任ある役割を引き受けるべきだと思い、大臣を務める覚悟ができた。

となると、気になるのは「何の大臣か」である。まさか防衛大臣や経済産業大臣ではあるまい。法務大臣なら仙谷由人さんや細川律夫さんも適任だ。では厚生労働大臣だろうか。頭がぐるぐるする中、そうだ、皇居での認証式のためドレスを用意せねばと気が付いた。でも買いに行けばメディアに大臣就任がばれてしまう。自宅でぶつぶつ独り言を言っていたら、母が「前に結婚式のお呼ばれ用に買ったのがあるじゃない」。そういえばと思い出し、手持ちのドレスを着ることにした。

組閣前日の15日、議員会館の部屋に鳩山さんから電話がきた。「法務大臣をお願いします」との内示に半分安堵し、半分身震いした。他の大臣でなく法務大臣でよかったという思いと、その責任の重さである。法務大臣の職務に死刑執行があることは当然、分かっていた。

民主党政権スタート

２００９年9月16日、民主党、社民党、国民新党の3党連立による鳩山由紀夫内閣が発足。初閣議が行われ、各大臣が閣議書に署名を行った。これは毛筆で「花押」を書くのが慣習になっており、花押は専門家につくってもらうものなのだそうだ。だが、私も含め皆、そんな準備はしていない。「…サインでいいですよね」と自分勝手な印を書いた。私は千葉の「千」の丸囲みだ。財務大臣の藤井裕久さんだけが大臣経験者だったので花押を有しており、さらさらと書いていた。私は在任中は「〇に千」で通した。他の大臣（藤井さん以外）も似たり寄ったりだと思うが、当時の公文書が公開されないでほしいと思うくらい恥ずかしい。

各大臣の就任会見にあたっては、党から「自分で考えた内容を自分の言葉で語ってください」という指示があった。民主党は「脱官僚」「政治主導」を掲げてきたからだ。官僚

鳩山内閣発足時の記念写真（３列目中央）　＝2009年9月、首相官邸

が原稿を作成して持って来てくれたが、党が「こちらで準備しますから」と断ってしまった。それでも官僚は一つ助言をしてくれた。「新法務大臣には記者から必ず死刑について質問があります」。私が「死刑廃止を推進する議員連盟」のメンバーであることを知っての助言だった。

同日夜始まった就任会見で私は法務大臣として実現したい三つを挙げた。一つ目は人権侵害救済機関（国内人権機関）の設置、二つ目は個人通報制度を含めた選択議定書の批准。この二つはいずれも国連で採択された主要な人権条約でうたわれているものだ。先にも触れたが、日本はこうした人権条約に批准しているのに前述の二つを受け入れていない。三つ目は取り調べの可視化だ。違法・不当な取り調べを防止し容疑者の人権を守るため、取り調べ全過程の録音・録画を導入する。これらは三つとも党のマニフェストに掲載されていた。

記者から「死刑執行の命令書が来たらサインしますか」と質問があった。「職責を踏まえ慎重に考えたい」と答え、この年5月に裁判員制度が導入されたことも挙げて、死刑制度は「国民的な議論をもとに進む道を見いだしたい」と付け加えた。

指揮権発動についても質問された。小沢一郎さんや鳩山由紀夫さんの不正献金問題が明らかになっていたからだ。「恣意的、党派的なものを排除し、国民の視点で検察の暴走をチェックするのが指揮権だと考えている」と答えた。

この新閣僚記者会見は、新政権への関心の高さから、深夜にも関わらず多くの方が生中継で見てくれた。そして各閣僚が原稿を見ずに自分の言葉で語ったことが、好意的に評価された。

翌17日には前法務大臣からの引き継ぎが行われた。マスコミが待機する中、「よぉ、千葉ちゃん！」と入ってきたのは自民党の森英介さん。東京学芸大学附属高校の同級生だ。「後任が千葉ちゃんでよかったよ」と言ってくれ、ありがたかった。

その後、各省で大臣から官僚へ訓示が行われた。前述のように民主党は「脱官僚」「政治主導」を掲げていたから、官僚側はきっと身構えていたと思う。だが私にとって法務官僚の多くは私同様司法修習を修了した法曹で、「同じ釜の飯を食った」仲間だという信頼感があった。

だからこんな訓示を述べた。「『政治主導』とは皆さんの力が不要ということではない。政治家と官僚が両輪で尽力してこそ、国民と約束した施策は実現できる。皆さんの奮闘を期待する」。込めた気持ちは「責任は私が取るから自由にやるべし」だ。官僚側は「よし、じゃあ自分たちも頑張ろう、と思った」という。政権が交代し、政治家も官僚も高揚していた。

「公訴時効」の見直し

こうして2009年9月から法務大臣を務めた。在任期間は結果的に1年間だった。

1年間の在任中に形となった一つが、公訴時効の見直しだ。公訴時効とは、犯罪から一定期間が経つと時効が発生し起訴できなくなる制度である。犯罪の凶悪化や重大化に伴い、「時効をなくすべきだ」「時効までの期間を長くせよ」との声はかねて高まっており、09年

1月から自民党の森英介前法務大臣が公訴時効の見直しについての省内勉強会を開き、廃止や延長の方針をまとめていた。だが野党時代の民主党は、犯罪から年月が経つほど証拠が散逸したり関係者の記憶があいまいになったりするため冤罪を生み出しかねないとの観点から、公訴時効の廃止ではなく時効進行の中断を検討すべきだと主張していた。私個人も同意見だった。

しかし法務大臣に就任した以上、結論を出さなければならないと考えた。見直しを求める世論が高まっていたことと、犯罪被害者の遺族から話を聞く機会を持てたことから被害者側の人権について改めて考えた。そこで就任翌月の同年10月、ゼロの状態からの議論を求めて法制審議会に諮問した。

法制審議会が翌10年2月に出した答申は、自民党の勉強会の方針とほぼ同じだった。民主党の主張とは異なる結果となったが、冤罪防止に留意しながら、答申や世論を組み入れて公訴時効の見直しを行うことに決めた。自分自身の考えと異なるので逡巡もあったが、政権与党にある大臣の責任として決断しなければと踏み切った。

答申をもとに法案をまとめ、同年3月、刑事訴訟法改正案を閣議決定。4月の参院法務委員会に提出した。「性急だ」という声も出たが、私はすでに議論はなされているとし、被害者や国民の声に素早く応えることが政治の責任だと答えた。

改正法案は約1カ月の審議を経てこの第174回国会で成立した。審議の中では民主党議員から、証拠が散逸すれば供述に頼る捜査が行われ、冤罪が起きる恐れがあるとして、取り調べの録音・録画といった「可視化」の必要性にも言及があった。

1カ月の審議で成立したことだけでもかなりのスピードだったが、さらに、公布のための閣議決定を「持ち回り閣議」(閣議を開かず、総理大臣が各大臣に閣議書を回して署名してもらい閣議決定する)で行い、成立からわずか4時間後に施行した。通常、法案成立から施行まで1週間程度かかるのだが、空白期間が生まれないよう急いだのだ。

改正法により、人を死亡させた犯罪のうち死刑に当たるものは公訴時効が廃止され、同じく懲役や禁錮に当たるものは公訴時効期間が従来の2倍になった。時効が未完成の過去の事件に対しても時効廃止や延長が適用されるので、翌日に時効を迎える予定だった殺害放火事件の時効が撤廃された。即日施行の成果である。また同年7月に時効完成のはずだった八王子のスーパー強盗殺人事件、2015年に時効完成だった世田谷一家殺害事件といった重大事件の時効も撤廃された。

取り調べの可視化をすでに導入していた韓国に法務大臣として視察。どのように録画や録音を行っているか説明を受けた（右端）　＝2010年１月、韓国

法務大臣在任中は進展しなかった「可視化」

公訴時効の審議中に言及された「取り調べの可視化」は、法務大臣就任時に実現したいこととして挙げた二つ目である。

実は民主党は、野党時代の08年６月と09年４月に全面可視化の法案を参院に提出し、可決されている。だが捜査側が消極的で、衆院で審議未了（廃案）となった。そこで私は法務大臣就任直後の09年10月、法務省内に勉強会を発足させた。10年１月には、可視化をすでに制度化していた韓国への視察も行った。

私が目指したのは全事件・全過程の録音・録画だが、上記勉強会は10年６月の中間報告で、検察庁の受理する刑事事件数は膨大なので全事件・全過程を録音・録画する必要性や現実性は低いと結論づけた。結局、私の在任中に可視化を具体的に進めることはできなかった。

だが退任後、後任の柳田稔法務大臣が設けた私的諮問機関「検察の在り方検討会議」の座長に選任され、10年11月から翌11年3月まで検討を行った（後述）。そして16年の刑事訴訟法改正により、対象となる事件は限定されたものの、取り調べの全過程の録画が義務付けられた。

できる限り出した在留特別許可

在留外国人の人権問題に長く取り組んできたので、法務大臣就任後は法務大臣の裁量で出せる在留特別許可（在特）をできる限り出そうと考えた。1件でも多く、個々に救済しようと思ったのだ。不法入国だったり入国後に在留資格を失ったりしても、市民として仕事や勉強をしているならそれを考慮すべきだ。とくに、日本語しか話せない子どもの場合、親だけが強制送還されても親子で強制送還されても深刻な状況に陥る。事務方に「在留関係で議員から個別に持ち込まれた案件があれば必ず私に報告するように」と指示した。

２００９年10月、奈良市在住の中国人姉妹に在特を出した。母親が「中国残留孤児の子」という資格で、小学生のときに両親と入国したが、この母親は残留孤児と血縁関係がないことが後に判明した。一家は国外退去を命じられ、最高裁に退去命令の取り消しを求めたが敗訴。両親らは中国に強制送還されていた。

在特により、姉妹の退去命令は取り消され、1年間の在留が認められた。在留期間は更新でき、就労なども可能になる。最高裁の判決を覆してまで在特を出したのは、姉妹が子どものころから日本に居住し、今後も日本で勉強を続けたいという意欲があったからだ。残留孤児との血縁を偽って入国したのは母親であり、姉妹を責める理由はない。

同年11月、強制退去命令が出ていた平塚市在住のフィリピン人一家に在特を出した。父親は短期滞在ビザで来日し、以後不法残留していた。子ども3人のうち2人は小学生で、日本語しか話せず日本で教育を受けることを求めていた。

同月、東京都在住のインド人一家にも在特を出した。不法残留により強制退去処分になり、取り消しを求めたものの最高裁で処分が確定していた。だが子どもは3人とも日本生まれで、うち2人は4月に高校と中学に入学したばかりだったからだ。

このような在特を出せた背景として大きいのは、森英介前法務大臣時代の09年7月に在

参院の法務委員会で入管行政や部落差別について答弁。私の向かって左は加藤公一法務副大臣、右は中村哲治法務大臣政務官　＝2010年３月

特のガイドラインの見直しが行われ、許可を検討する材料として「日本で生まれて10年以上在住する小中学生の実子がいる」など具体例が提示されたことだ。

ただ、救済できるのは周囲に支援者がいるなど横のつながりがある人が多い。そうでないと救済を求める手段が分からないため、日本語しか理解できない子どもとともに強制送還されたり、親だけ強制送還され親子が引き離されたりしてしまう。また、地域の支援者は在留外国人のその後の生活を支える受け皿でもある。地域にしっかりした支援体制があることは、法務大臣側にとって在特を出す一つの目安にもなる。

収容施設における医療の脆弱

入管施設や刑務所など、法務省が所管する収容施設における医療にも問題があった。この問題は法務大臣就任以前から視察などで感じていたことで、身体・精神疾患のある受刑者は多いのに、病棟は老朽化し医師は足りない。常勤の医師どころか非常勤の医師さえ確保が難しい。精神科医のような専門医はなおのことだ。医師個人の善意に頼っているのが現状だ。収容施設での診療が医師のキャリアのプラスになるようなしくみを、国はつくるべきだと思う。

受刑者であっても基本的人権は尊重されるべきだし、まして入管施設に入所する不法入国者や不法滞在者は制度の違反者であり、刑事事件を犯したわけではない。だが、法務大臣在任中に改善はできないままで、収容施設における医療の脆弱性は現在も続いている。

あと一歩だった選択的夫婦別姓

１９９６年のことだ。法制審議会が選択的夫婦別姓を含む民法改正案を答申した。通常なら同審議会の答申はすんなり法案になり国会で成立するものだが、このときは自民党保守派による強い反対で、国会への提出すらなされなかった。その後、私を含む改正推進派の野党議員が10年以上、20回にわたり同様の法案を国会に提出したが、成立には至らなかった。

だから2009年に民主党が社民党ならびに国民新党と連立政権を立てた際、社民党党首で内閣府特命担当大臣（消費者及び食品安全、少子化対策、男女共同参画）に就任した福島瑞穂さんと「これで選択的夫婦別姓制度を実現できるね！」と喜んだ。福島さんも長年、民法改正に取り組んでおり、私生活ではパートナーとの事実婚により夫婦別姓を実践しているからだ（ちなみに私は事実婚も含め結婚はしていない）。

法務大臣就任早々の9月、「来年の通常国会に改正法案を提出したい」とマスコミに表明した。衆院480議席のうち民主党は308議席。国会に提出さえすれば可決できるはずだ。千載一遇のチャンスである。

ただし民主党は「夫婦別姓の早期実現」について、政策集には明記していたがマニフェストには記載していなかった。党内には慎重な意見もあったからだ。

さて、内閣提出法律案（閣法）を国会に提出するには、その法案が閣議決定されていることが条件だ。閣議決定は全員一致でなければ認められない。つまり、閣僚全員の賛成が必要だ。鳩山内閣には、夫婦別姓法案にはっきり反対する閣僚が1人いた。連立を構成す

法務省が主唱する「社会を明るくする運動」の旗振り役「フラッグアーティスト」に就任した音楽家の谷村新司さん（左）と、その際のセレモニーで。谷村さんは同運動の応援ソングも作詞作曲してくれた　＝2010年５月、東京・霞が関の法務省・法務大臣室

る国民新党の代表で、内閣府特命担当大臣（金融）の亀井静香さんだ。だが私と福島さんは亀井さんに水面下で説得を続けており、「個人的には反対だが法案提出は認める」と言ってくれそうな手応えを感じていた。

　ところが10年2月、亀井さんは衆院予算委員会で夫婦別姓への反対を明言。不安を感じて平野博文官房長官に亀井さんの説得を頼んだが、「うーん…」という感じで動いてくれない。平野さんは別姓法案に反対ではないが積極的でもなかったから、亀井さんの機嫌を損ねる危険を冒したくなかったのだろう。総理の鳩山由紀夫さんや副総理の菅直人さんも反対ではないものの、党としてマニフェストに記載された課題を優先しなければという事情もあったからか、自ら率先して亀井さんを説得しようという雰囲気ではなかった。

結局、亀井さんの反対で閣議決定はできなかった。法案は国会に提出できず、選択的夫婦別姓は実現しなかった。あと少しだったのに残念でならない。ちなみに亀井さんは死刑廃止では頼りになるリーダー格で、当時「死刑廃止を推進する議員連盟」の会長だった。

日本の法制度は、夫と妻をセットにした単位でつくられている。だが社会には生涯独身の人も、ＬＧＢＴＱ＋と称される性的マイノリティーもいる。夫婦の形も多様だ。選択的夫婦別姓を含め、税や年金などにおいても、個人を基本にした制度の構築に向けて一歩ずつ進むことを願っている。

人権を守るための国内機関と通報制度

２００９年の法務大臣就任時に挙げた三つの目標のうち、「人権侵害救済機関」と「個人通報制度」は在任中も現在も実現していない。

第三章の「審議を35分間止めた」の項で書いたが、１９８８年、予算委員会で国際人権規約の自由権規約（B規約）に関連し審議を35分間止めたことがあった。日本政府の人権を巡る対応は、当時から国際的に指摘・批判されていた。議員になる前から人権問題は私の大きなテーマだったが、このときの強烈な体験がきっかけで、人権問題に本気で取り組もうと改めて思った。

人権侵害救済機関（国内人権機関）とは、人権侵害の救済と人権保障の推進のために国内に設置される、国際基準に沿った国家機関だ。世界では110を超える国や地域に設置されている。名称は、パリ原則（93年に国連で採択）で規定された「National Human Rights Institution」の日本語訳である。重要なのは、国家機関ではあるが政府から独立した機関であることだ。なぜなら最も大きな人権侵害は公権力によるものだからだ。政府の管轄する機関では、国家権力を背景にした暴力や虐待、刑務所や入管における人権侵害などから被害者を救済できないのだ。立ち位置としては、会計検査院のような感じである。

２００２年に人権擁護法案が国会に提出されたことがある。だが、同法案で示された人権侵害救済機関は独立しておらず法務省内に置くとされた点と、報道の自由が侵害される恐れがある点で強く反対され、成立はしなかった。12年にも同様の内容の人権委員会設置法案が提出されたが、廃案となった。

私は法務大臣在任中、政府から独立した機関の設置が無理なら、せめて法務省の人権擁護局などの人権擁護機関を国際基準の人権機関に近づけることができないか検討したが、うまくいかなかった。

もう一方の個人通報制度は、個人が人権侵害されたとき国際機関に通報し救済を求める制度である。国際人権規約のうち自由権規約（B規約）では1966年に第一選択議定書で、同規約の社会権規約（A規約）では2008年に選択議定書で定められた。ほかに女性差別撤廃条約や障害者権利条約など計九つの人権条約で定められている。だが日本はどの条約の個人通報制度も受け入れていない（九つのうち移住労働者権利条約は未批准）。

通報が受理されれば、国際機関は審議をして救済につながる見解を出す。だが、同制度を受け入れていない国の個人からの通報は受理できない。

自由権規約（B規約）委員会など国連人権条約を監督する各委員会はじめ多くの国際機関は、日本に対し、国内人権機関の設置や個人通報制度の受け入れを度々勧告している。

自民党を中心とする従来のそして2024年現在の政府は、人権機関の設置や個人通報制度に消極的だ。その理由の一つとして彼らが挙げるのは、「日本では裁判所がそうした

2010年８月、法務大臣として茨城就業支援センターの農場を視察（中央）。同センターは前年９月に開所した。仮釈放された成人男性が保護観察官による指導を受けながら農業訓練を受ける施設だ　＝茨城県ひたちなか市

役割を担っているから」だ。確かに三権分立によって裁判所は政府から独立している。だが刑事事件の場合、刑罰法規に抵触する個別・具体的な行為がないと、起訴して裁判に付すことができない。例えば被害者に対する暴力は、刑法の暴行に該当するから起訴が可能なのである。判決は、個別具体的な行為や権利侵害に対して刑事罰や損害賠償を科すものだ。これに対し、一般的・抽象的な人権侵害は裁判所が判断する対象ではない。裁判所が人権侵害を解決できないからこそ、部落解放同盟は人権侵害救済の機関や制度をつくる運動を長年展開しているのだ。

個人通報制度は国際条約に関わってく

更生保護活動には野党時代から関わった。民主党県連内に立ち上げた更生保護を考える会（議連のようなもの）で、保護司の皆さんとともに街頭活動＝2008年７月19日

るものなので私は外務省に働きかけたり、通報内容に関係する各省庁の担当者を人権擁護局に集めるなどして人権機関の設置の検討を指示したりした。また、設置に取り組む人たちの話を人権擁護局長に聞いてもらう場を設定したりもした。だが、任期中に形にはできなかった。

自立更生促進センターと更生保護

法務行政の一つに保護（更生保護）がある。この目的のために設けられた施設として「自立更生促進センター」があり、法相時代に視察をした。刑務所からの仮釈放者を一定期間滞在させる国の施設で、就労支援を行いながら更生と社会復帰を支援するものだ。一カ所目の同センターは、私が法務大臣に就任する数カ月前の2009年6月に北九州市に設立されたばかりだった。同様の施設として農業訓練を行う「就業支援センター」というものもあり、こちらは2007年に一カ所目が北海道に設立されていた。私の在任中、それぞれ1施設が新たに開所した。

「更生保護」とは、罪を償った人の再出発を支援し再犯を防止することで本人にも社会にも益をもたらす活動だ。野党時代から取り組んでいたが、議員退任後も関わることになった。更生保護活動については、後述する。

執行する覚悟は就任時に決めた

2009年9月、大臣に就任する可能性を知り何の大臣か考えたとき、法務大臣なら職務に死刑執行があることはすぐ頭に浮かんだ。私は「死刑廃止を推進する議員連盟」メンバーとして、死刑制度の廃止を長年訴えてきた。法務大臣に就任すれば職務上、執行命令をしないわけにはいかない。法で定められた職務を遂行できないなら、法務大臣を受けるべきではない。

一方、法務大臣になれば、国内人権機関や取り調べの可視化など、やはり長年取り組ん

５選を懸けた2010年参院選での選挙運動。（左上から時計回りに）菅直人総理（左）と／菅伸子さん（菅総理の妻、右端）と横浜駅西口で。後ろの女性は民主党衆院議員（神奈川１区）の中林美恵子さん（左）と同 参院議員（神奈川選挙区）の牧山弘恵さん（右）／市民と握手／ JR川崎駅の通路で

できた課題を前に進められる。野党時代には考えられない大きなチャンスだ。

　信条や思想を理由に執行命令を出さなかった法務大臣は過去に何人かいた。だが、その法務大臣の在任中執行されないだけで死刑制度は何も変わらず、次の法務大臣になれば刑は執行された。

　ならば法務大臣就任を引き受けて、私でなければできない課題に取り組もう。死刑制度には反対だが、死刑執行は職務として命令する。そう覚悟を決めた。

鳩山由紀夫総理から内示を受けたのは、その数日後だった。

就任会見で私は死刑について「慎重に考えたい」と発言した。死刑反対派の人は、私が「執行しない」と明言しないことに違和感を覚えたと思う。これまでの新任法務大臣で、執行しない意思を持つ人は、就任会見で表明していたからだ。

私が死刑制度の廃止に向けて取り組むことを期待した人もいただろう。実際、「日本のバダンテールになってほしい」という声も届いた。ミッテラン大統領時代に死刑を廃止したフランスの司法大臣だ。もちろん私も制度廃止は考えた。だが法律を変えるには相当な労力と時間が必要で、任期を考えると現実的ではない。種を蒔くだけでも意味があると思ったが、そうはしなかった。理由を説明しても全てが言い訳になるだろう。執行に至る思いをどう言えばいいいか、いまだに分からない。

政務三役である加藤公一副大臣と中村哲治政務官には、就任してまもなく「死刑執行命令を出す覚悟をしている」と伝えた。事務方には、就任後1、2カ月の時点で「準備が済んだ執行関連書類があるなら持って来て構わない」と伝えた。

翌10年1月、2人の死刑囚の裁判記録を受け取った。読み終えるべき期限は示されなかった。手元に置いて熟読した。冤罪を疑ったわけではない。法務大臣には判決を覆す権限もない。では何のためだったのか。自分が人の命を奪うことについて、気持ちの整理をしたかったのかもしれない。

5期目を懸けた参院選がこの年の夏に予定されていた。選挙への影響を心配した支援者から、「廃止論者なのだから執行はしないほうがいい」「世論は死刑制度が必要という意見が多いから執行したほうがいい」と両論があった。気持ちはありがたかったが、選挙のために法務大臣をやっているわけではないし、執行を選挙の争点にしたくなかった。だから選挙運動中は、執行関連の業務をいったん中断することにした。

10年6月、菅直人内閣が発足し法務大臣に再任された。7月11日、参院選。私は落選した。

民間大臣として死刑を執行

落選は、24年間の議員活動への有権者の判断だ。素直に受け入れようと思った。ところが菅直人総理から留任要請があり、民間人として法務大臣を務めることになった。内閣改造が9月に予測されていた。任期はおそらくそこまでだろう。思いがけず与えられた約2カ月の任期で、やれるだけやろうと気持ちを切り替えた。

一つは、私に決定が預けられている死刑執行の完結だ。同年1月に死刑囚2人の裁判記録を渡されていた。法務大臣就任を受けた時点で、職務として死刑執行を命ずることを覚悟していた。「死刑廃止を推進する議員連盟」は就任後に脱退していた。

もう一つは、死刑制度の見直しを巡る状況を前進させることだ。それが刑場の報道機関への公開と、「死刑の在り方についての勉強会」の立ち上げだった。

死刑執行を発表した記者会見で記者の質問に答える　＝2010年７月28日（写真提供＝共同通信社）

「千葉法務大臣は刑場公開や勉強会と引き換えに、執行を承諾させられたのではないか」と推測する人もいたが、そうではない。執行、刑場公開、勉強会はそれぞれ個別のもので、どれも私が自分の意思で決めた。ただ、事務方に指示した時期は三つとも同時期だ。任期が長くないと分かっていたからだ。

7月中旬、裁判記録を読み終えたことを事務方に伝えた。24日、執行命令を出すための書類を渡され、サインをした。議員任期は翌25日までだった。28日早朝、2人に死刑が執行された。私はその場に立ち会った。

立ち会いは、執行命令と引き換えに要望した。

「執行する準備をしていただいて結構です。その代わり責任者として立ち会います。執行を命令する以上、私にはその義務があると思うからです」

そう言うと、事務方は一瞬「え?」という表情を見せたが、「分かりました」と了承した。サインだけして現場に丸投げするのは釈然としなかった。現実的な恐れとして、万一大地震などが発生し執行が妨げられたら、責任者として現場で指揮を執らねばと思った。執行する重さや辛さをこれまで現場に押し付けてきた後ろめたさもあった。死刑執行命令という究極の国家権力を行使する以上、立ち会わなければ自分が納得できなかった。

法務大臣が執行に立ち会ったのは初めてだったという。私の他、刑事局長と検察官も立ち会っていた。

絞首により執行が遂行されたことを自分の目で確認したが、生々しくて直視し難かった。

いくら制度とはいえ、人を殺すのである。執行のシステムを整然とした厳かなものにしつらえてあるのは、そうしないと執行する側の精神が耐えられないからではないかと思った。殺人という残虐でおぞましい行為を、国家が覆い隠しているようにも思った。死の生々しさと、整然としたシステムとの落差は異様なほどだった。

死刑は残虐であり廃止すべきだ。では、残虐でない方法なら存置してもいいといえるのか…。交錯する思いを抱えながら、記者会見の会場へ向かった。

勉強会の開催と刑場公開

２０１０年７月28日。早朝に死刑執行、午前11時から記者会見を行った。執行された２人の死刑囚の氏名や事件概要を説明した後、自分が立ち会ったことを明らかにした。何時間か前のその場面がよみがえり、数秒間言葉が出なかった。「(死刑に関し)根本からの議論が必要だと感じた」と述べ、死刑制度を議論する勉強会を法務省内に設置すること、東京拘置所（東京都葛飾区）の刑場を報道機関に公開することを発表した。

記者から「死刑反対の信念をなぜ曲げたのか」と質問された。「今後の議論で廃止の方向が出れば、それが一つの国民的な回答だ」とだけ答えた。「落選して民間人の立場で執

第3種郵便物認可

「問題提起も道半ば」

千葉法相が退任会見

千葉景子法相が17日退任した。この1年の任期中には凶悪犯罪の公訴時効撤廃の実現、参院選落選、死刑執行、刑場公開など、さまざまな出来事が交錯した。辞表を提出し臨んだ最後の閣議後の会見で吹っ切れたような笑顔を見せたものの「問題提起はできたが、ほとんどが道半ば」と自身の仕事を厳しく総括した。

「お別れ会見」となった同日の閣議後会見で法相は死刑制度をめぐり、「検証や見直しを行う」とする省内勉強会については「私の退任後も継続される。良い議論が続く」と説明。「法務行政の職責の重さには大変なものがある。それを感じたことについては、しゃべらないまま胸に置いておくものが、ないわけではない」との慎重な言い回しで、死刑をめぐっての心情の一端をのぞかせた。

「選択的夫婦別姓」の導入など、実現に意欲を示してきた民法改正については「手は付けたが、進まなかったなあという感じ」と反省。それでも「社会の大きな流れとしては、決して否定されるものではない」と語気を強めた。

退任後の過ごし方についての質問は「ご想像におまかせします」と笑顔でかわした。

千葉法相の退任した17日は落選から68日目。国政選挙落選閣僚が留任したこれまでの記録（27日）を大幅に更新した。留任中には、死刑制度廃止論者ながら、2人の死刑を執行するとともに、省内で死刑制度の勉強会を発足。臨時国会の予算委員会（8月初旬）では、「国民の支持目当てに死刑を執行した」などと野党から批判を浴び、「法相の職務として遂行した」と反論した。

（有吉　敏）

最後の閣議後会見で笑顔で退任あいさつをする千葉法相＝法務省

法務大臣退任会見では「問題提起はできたが、ほとんどが道半ばだった」と総括。落選から68日目の退任だった。国政選挙で落選した閣僚が留任した期間としてはそれまでで一番長かったという　＝2010年９月18日の神奈川新聞

行を命じるのは適切なのか」とも聞かれた。「参院選前から検討していた。時間をかけ検討した結果、このタイミングになった」と答えた。

死刑廃止論者でありながら執行したという矛盾が、報道や批判を大きくした。「変節だ」「信念より職責を優先した」「職責を果たし、勉強会や刑場公開を実現した」「勉強会などは死刑停止後に行うべきだ」…。

８月６日、第１回勉強会を非公開で開催した。メンバーは法務省の政務三役（私、副大臣、政務官）と刑事、矯正、保護の各局長らで、在任中に第３回まで開いた。有識者や犯罪被害者団体からのヒアリングも行った。

8月27日、東京拘置所の刑場を報道機関に公開した。刑場公開は、以前から議員や報道機関が要請していた。死刑制度の議論を進めるための情報が、日本は極端に制限されているからだ。刑場公開に消極的な法務省を、「裁判員制度により国民が裁判員として刑事裁判に参加している。刑を適切に判断するために情報提供が必要だ」と説得した。

教誨《きょうかい》室、執行室の隣の前室、絞首刑が行われる執行室、執行室の踏み板を開けるボタン室、執行を確認する立会室。これらの部屋に記者約30人が約30分間入った。写真と映像は代表社が撮影した。限定的ではあるものの、公式に報道機関が刑場に入ったり撮影が許可されたりしたのは初めてだったという（個別の要請に応えたことは過去にあったようだ）。公開後の記者会見には国内外の報道陣が約50人出席。私は「可能な限りの情報提供を行った。国民的議論の材料になるのではないか」「国民全体で刑罰の検証を進めてもらいたい」と述べた。翌日の神奈川新聞は、刑場初公開を伝える記事の一つに「『装置』生々しく」という見出しを掲げた。

10年9月17日、法務大臣を退任し、市井の弁護士に戻った。

次に死刑が行われたのは12年3月。野田佳彦内閣の小川敏夫法務大臣が、私の設置した勉強会を廃止して執行した。24年現在、刑場公開から十数年が経つが、死刑制度に変革はなされず、議論や情報公開も進展がない。

今も執行の経験談を求められることがある。「またあれを話すのか。もう、しんどい」「今の人が新たな行動を起こしてほしい」と思う。だが執行した以上、私には語る責任がある。後悔はしていないが、あの選択で良かったのかと繰り返し考える。この重い課題とは一生連れ添っていくのだろう。死刑は廃止すべきだとの私の考えは変わっていない。

死刑制度は国際的に廃止の方向にあるが、日本の世論調査では「存置」容認派が大多数だとされる。だが、生活に直結しないテーマの世論調査は設問方法に左右される場合もあり、国民の意向をどの程度正確に反映しているか判断しにくい。世論を存廃の議論にどう取り入れるかは難しい。

民主党政権は「試作品づくり」政権だった

民主党政権の閣僚だった時期（2009年9月～10年9月）を振り返り、二つほど記しておきたい。

一つは、2009年の民主党マニフェストに掲げられていた「税金の無駄づかい一掃」について。当然私も賛成していたが、項目の中に「国家公務員の総人件費を2割削減する」

退任後、参議院永年在職議員表彰を受けた（前列左から３人目）　＝2010年11月、参院議長公邸

というものがあった。政権交代後、党から各省に対し削減数を算出して提出するよう指示が出たのだが、法務省の事務方が「２割なんて到底無理です。どうしましょう」と相談に来た。法務省の場合、刑務所の刑務官や少年院の法務教官など「現場の人間」を削減せよとの指示だったからだ。「現場は人手が足りない状態で、減らすどころではありません」。「人」を相手にする施設ゆえ、人員を一律に削減できるものではないのは私もよく分かっていた。

「そうよね、直談判してくる」

担当の原口一博総務大臣に会いに行き、「党の政策だから削減はするが、２割も現場の職員が減れば利用者にしわ寄せが行き、利用者が不利益を被ってしまう」と説得した。その結果2割削減でなくてよいと認められ、ほっとした。事務方もとても喜んでくれた。

もう一つ、民主党政権そのものについて。同政権は12年12月に終了したが、今思うに同政権が行ったのは試作品づくりだった。それまでの政治手法の弊害を変えようと試作品を多々つくり、改善を重ね、さあ商品化というときに連立は分解、党内も分裂してしまった。短命政権ゆえ成果が出にくかったが、例えば事業仕分けなど、「変えよう」とあれこれ実行したことはもう少し評価されていいと思う。うまくいかなければ改良すればいい。試作品をつくってみないことにはいつまでも完成品はできないのだから。

民主党政権が崩壊すると、国民は「長年なじんだ自民党の方がやっぱり安心だ」と自民党に再度任せてしまい、以後もそのままになっている。あのとき「もう少し民主党にやらせてみるか」となれば、政権交代が適度に起こる二大政党制が実現していたかもしれない。

「草の根」の力が宝物

私の5回の選挙では労働組合など組織の応援を多くいただいたが、その中には「党」より「千葉景子」を応援してくれた人も大勢いた。もちろん友人知人は私個人を応援してく

右から添田定夫先生、井上信道さん・寛子さんご夫妻、私　＝2006年、井上さんの作品展で

れた。こうした人たちが、とくに3回目の選挙（民主党に移った直後で組織の支援が期待できなかった）で草の根の力を発揮してくれた。

松田町や旧相模湖町（現 相模原市緑区）の皆さん、藤沢市の椎野幸一さん、母校中央大学ＯＢ会「白門会」、在日外国人の問題にともに取り組んできたＮＧＯのメンバー、小学校時代の友人ら地元保土ケ谷の飲み友達などが、慣れないことにもかかわらず、公営掲示板にポスターを手分けして貼ってくれた。このときの温かい無償の支援は私の宝物だ。

また、県地方自治研究センター事務局長（当時）の上林得郎さんは5回の選挙

「神奈川総合法律事務所35周年の集い」にて（後列左から４人目）。後列には宇野、福田、鵜飼の各弁護士、前列には野村弁護士も　＝2010年６月

を通し、知恵袋になってくれた。中学校時代の恩師である添田定夫先生や、添田先生が引き合わせてくれた美術関係の皆さん、中でも彫刻家の井上信道さんの温かさは忘れられない。横浜駅西口に展示されている、両手を広げた女性像「宇宙と子供たち」の作者である。

椎野幸一さんを通して、息子さんである椎野勝さんとも知り合いになれた。高度難聴、知的障害、自閉症のある勝さんは切り絵に才能を発揮。心からほとばしるものを作品にする見事さに感激した。何度か会ううち仲良しになれて、言葉をかけるとニコッと笑顔で応えてくれるようになった。人と人はリアルな形で接することで、何かが通じ合うのだと実感した。

神奈川総合法律事務所は、議員当選後も私を所属弁護士でいさせてくれた。法務大臣就任を機に離籍したが、それは同事務所が国を相手どる訴訟を手がけており、そうした訴訟で法務大臣は国側の当事者となるからだ。

ところで、神奈総の先輩だった柿内弁護士の奥さまである貞女さんは保育士であり、保育所を経営している。私も微力ながらお手伝いをしてきた。他にも関わりを持った保育園があり、保育の現場に保育士不足や保育士と保護者との関係など様々な課題があることを知った。保育所や福祉施設、入管や刑務所など「人」を対象とする仕事においては、働く側の待遇や働き方に共通の課題があるように思う。

「検察の在り方検討会議」座長に

２０１０年９月。私が法務大臣を退任した４日後に、大阪地検特捜部の元主任検事が逮捕された。郵便制度悪用事件の捜査において証拠品を改竄したからだ。同事件では厚生労働省局長（当時）の村木厚子さんが逮捕されていたが、改竄判明後、無罪判決が確定した。

「検察の在り方検討会議」第１回審議後の記者会見で。左は同会議委員の１人、ジャーナリストの江川紹子さん　＝2010年11月、法務省（撮影＝神奈川新聞社）

改竄は私の法務大臣在任中に行われたのに、うかつにも気付かなかった。冤罪で逮捕された村木さんにも、国民の皆さんにも申し訳ない思いでいっぱいになった。

司法への信頼を損なったこの事件を機に、柳田稔法務大臣は同年10月、検察改革を目的とした法務大臣の私的諮問機関「検察の在り方検討会議」を設置。前法務大臣の私を座長に指名した。冤罪の背景として密室での取り調べがかねて指摘されており、私が取り調べの可視化に長年取り組んできたからだろう。同会議での検討課題は取り調べの可視化のほか、刑事司法手続きや特捜部の組織の見直し等であった。

さて、こうした会議には議論の調整役として事務局が設けられるが、そのメンバーが官僚ばかりだと彼らの意図で議論が進められる場合が往々にある。そこで私は、事務局が公平な存在になるよう学者、弁護士、官僚の３人体制にすることにした。学者と弁護士の人選は関係者と相談した上で私が決めた。京都大学教授の土井真一さんと弁護士の神洋明さんである。官僚の人選は法務省が担当したのだが、ふたを開けてみたら黒川弘務さんだった。後に東京高等検察庁検事長に就任し、20年、閣議決定による彼の定年延長が問題となる中、賭けマージャンで辞職した人物だ。優秀な官僚で、法務大臣時代は大臣官房審議官としてよく手助けしてもらったのだが、私の退任直前の10年8月、松山地検に異動したばかりだった。わずか2カ月で「検察の在り方検討会議」事務局として東京に戻ってきたのだ。手綱さばきに優れた彼を事務局の柱にし、検察改革をほどほどの地点に着地させようとの意図が透けて見えた。さらに言えば、私を座長に選んだことも含め、この会議自体をある意図のもとにつくった勢力があるのではないかと推測している。

委員14人は改革積極派、消極派、中立派がうまく配されていたので、多様な問題点が明らかになり議論が深まった。委員の人選にあたり私はジャーナリストや女性について意見を求められたので、作家の吉永みち子さん、ジャーナリストの江川紹子さん、改革積極派の理論派弁護士である石田省三郎さんを推薦した。

会議は10年11月から翌11年3月末までに計15回開催された。前述の村木厚子さん（弘中惇一郎弁護士が同席）や元東京地検特捜部副部長の若狭勝さんなど6人からヒアリングを行い、約1300人の検事への意識調査、大阪地検や札幌地検の視察、韓国の可視化の状況も見学に行った。ヒアリングのため会議に来た村木さんに冤罪のことを謝ると、「千葉さんが責任を感じる必要はない」と言ってくれた。

11年3月11日に発生した東日本大震災の直後は、会議を開けないので意見を書面提出してもらったり、暖房が入らないので省内の災害備蓄用毛布にそれぞれくるまって会議をしたりした。

審議の際に座長として心がけたのは、制約はあるものの会議を公開すること、委員全員に自由に意見を出してもらうこと、そして、賛否双方の意見を汲んで全員の意見が一致する範囲でまとめることだ。

よって、3月31日に江田五月法務大臣に提出した提言において、可視化については積極派の意見と消極派の意見が6対4程度になり、全面的な導入は求めなかった。この点で批判もあったが、私は可視化の第一歩となればと考えた。

その後の対応は江田法務大臣に託され、16年の刑事訴訟法等改正により、裁判員裁判対象事件と検察の独自捜査事件について全過程の録音・録画（可視化）が義務付けられ、19年6月から施行された。今後、可視化の対象事件が一層拡大することを願っている。

素直に叙勲を受け入れた理由

皇居や皇族方と接点を持った最初は、参院の委員会委員長として皇居のお茶会に招かれたときだったと思う。次は、2009年9月の国務大臣の認証官任命式（認証式）だ。皇居で鳩山由紀夫総理から任命・認証の書面（官記）を渡され、天皇陛下（現在の上皇さま）からお言葉を賜った。ちなみに1994年10月に園遊会に招かれたことがあったが、このときは大勢の中の1人だったので陛下とは遠く離れていて、お姿を見ることもなかった。

さて、任免の際に天皇の認証を必要とする官職（認証官）は国務大臣の他にもあり、その任命権者は総理大臣や内閣なので、検事総長や検事長など法務大臣が管轄する認証官の認証式でも参内した。陛下の前に認証官が立ち、私が横から官記を渡した後、陛下が認証官にお言葉をかける。最高裁判所判事や高等裁判所長官の場合も、法務大臣が認証式に立ち会う。

同年11月、人事院で急な異動があった。人事院総裁の認証を期日内に行わなければならないが、その時期、天皇陛下は京都御所においでなので認証式を京都で行うという。都合のつく大臣はいないか回覧板が回ってきて、私が手を挙げた。京都御所に入ったのはもちろん初めてで、天井が高くて驚いた。皇居のときと違って予行演習はなく、こぢんまりした部屋で、あまり格式張らずに行われた。京都御所での認証式は珍しいそうだ。

自分の人生で天皇陛下と対面で話す機会があるなど想像だにしなかったが、法務大臣として「内奏」も3、4回行った。これは担当大臣が天皇に国政の報告を行うもので、1回10分程度だった。話す内容を指示されるわけではなく、報告する義務もない。陛下は内外の状況をよくご存じで、ご自分のお考えもお持ちなのだろうと率直に感じた。「国民統合の象徴」という立場をどう体現すべきか、常に意識なさっているのではないかと恐れ多くも思ったりした。

皇太子さま（現在の天皇陛下）が45歳の誕生日会見で、家庭教育学者ドロシー・ロー・ノルトさんの「子ども」（原題「Children Learn What They Live」）という、子どもへの温かいまなざしを持つ詩を朗読した（引用元は「あなた自身の社会―スウェーデンの中学教科書」〈アーネ・リンドクウィスト／ヤン・ウェステル著、川上邦夫訳、新評論〉ときにも感じたが、皇族方は国民が共感する何かを持っていて、だから国民も惹きつけられるのだと思う。

議員退任から8年後の18年11月、旭日大綬章を受章した。その数年前、かつて同じ参院神奈川選挙区で「ケイコとツヨシ」と呼ばれていた相棒のような存在で、衆院議員も務めた斎藤勁さんが叙勲された。その内示の際、「受けるかどうか迷っている」と斎藤さんから相談された。自分のことなら「国に格付けされるなんてまっぴらよ！」と辞退しそうなものだが、人ごとなので「いただいたらいいじゃない」と答えた。この出来事と、これまで支援してくれた皆さんの顔が思い浮かび、私も素直にお受けすることにしたのだ。多くの支援のおかげで今の自分がある。ならば勲章は、支援者の皆さんへの感謝のしるし、皆さんが千葉景子を応援してくれた記念と受け止めようと思えたのだ。

受章翌年には、労働組合や議員ＯＢ、弁護士仲間、私を支え応援してくれた方々などお世話になった皆さんを招き、アットホームな雰囲気のパーティーを開いた。テーブルごとに短いスピーチをお願いし、本多ゆとりさんという若手の二胡演奏家によるすてきな演奏で楽しんでいただいた。そして皆さんに、防災グッズと、日本更生保護女性連盟の機関紙に掲載された私のエッセイを手作りの小冊子にしてお配りした。

皇居での叙勲記念写真(右から2人目)　=2018年

女性たちによる更生保護活動

法務大臣を務める中で改めて知ったのが、更生保護の重要性だ。犯罪や非行をした人の立ち直りと社会復帰を支援し、再犯防止により社会にも益をもたらす活動である。この活動は官民両面から取り組まれており、例えば前述の自立更生促進センターや就業支援センターは刑務所の仮釈放者らを対象にした国の施設である。民間の活動では保護司がよく知られている。

法務大臣時代、北九州自立更生促進センターを視察した。北九州港近くの税関庁舎を改修した施設で、付近にはコンビニ一つなく、入所者が職場体験に行く際

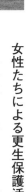

第60回「日本更生保護女性の集い」にて。日本更生保護女性連盟（日更女）が一般社団法人として発足した（2023年２月）ことを記念する回でもあった＝2023年６月

はバス停までボランティアが車で送迎する不便な立地だった。だが、それでも「入所者を出歩かせるな」といった苦情が近隣から出たという。在任中、自立更生促進センターの福島市での開所を決めたときも住民から反対の声が上がった。他の地域でもセンター開所への反対運動が少なからずあったようだ。更生保護には地域の理解や連携が必要だと痛感した。

仮釈放者や少年院仮退院者は出所後、保護観察に付され保護観察官の指導や保護司の見守りを受ける。前述のようなセンターもある。一方、満期出所者は保護観察の対象にならないので支援の手が届きにくい。

こうした更生保護活動を支え、補うボランティア団体の一つが、更生保護女性会（更女）だ。「おせっかいおばさん」（私なりの親愛を込めた言い方である）たちが地域（横浜で言えば区程度）ごとに地区会をつくり、活動している。その活動を県の連盟がまとめ、さらに日本更生保護女性連盟（日更女）が全国レベルで束ね、支援している。私は２０１４年からこの日更女の会長（23年からは同連盟の一般社団法人化に伴い理事長）を務めている。

更女はボランティア団体であるが、法務省の更生保護活動の枠に組み込まれており、保護観察所や保護司と連携して就労支援を行ったり、刑務所や少年院を訪問したり、更生保護施設で料理教室を開いたりしている。また、女子少年院で成人を迎える入所者に晴れ着を持ち寄って着付けたり、母親の孤立を防ごうと子育て支援を行ったりもしている。他団体と協力して子ども食堂を開いている地区会もある。

会員は高齢化・減少の一途だが、私は気にしていない。「活動」が消えないよう地域に新たな芽を育てればいいと考えている。

更生保護関係団体の助成等を行う日本更生保護協会の賀詞交歓会で、日更女会長として挨拶。司法修習同期で元自民党総裁の谷垣禎一さんは、現在、全国保護司連盟理事長だ（左の写真・右手前）　＝2023年１月、東京都千代田区の法曹会館

生きづらさを抱えた女性を支援「若草プロジェクト」

更生保護のほかもう一つ私が関わっているボランティア活動が、２０１６年に設立された「若草プロジェクト」だ。貧困や性的搾取などにより生きづらさを抱えた少女・若年女性を支援する取り組みである。

きっかけは、弁護士の先輩で、社会文化法律センターの仲間でもあった大谷恭子さんからの「瀬戸内寂聴さんを中心に団体を立ち上げるから、呼びかけ人の１人になってよ」という一言だった。私が日更女の会長を務めていることもあって、声をかけてくれたのだろう。

「代表呼びかけ人」は寂聴さんと、元 厚生労働事務次官の村木厚子さん。私の法務大臣時代、郵便制度悪用事件で冤罪の被害に遭った人である。

「若草プロジェクト」は、生きづらさを抱えた女性を丸ごと受け止める場や人をつくるために各分野の活動が集積するプラットフォームだ。寂聴さんが21年に亡くなった後も、代表理事である大谷さんが人脈と行動力を発揮し、相談事業や居場所としてのシェルター運営、支援者向け研修やシンポジウムなど活発に活動している。

更女も「若草プロジェクト」も目指しているのは、生きづらさを抱える人をも包み込んで、ともに生きる社会の構築だ。

最低賃金審査会

県弁護士会から派遣され、県最低賃金審議会の公益代表委員を2022年度まで4期8年間務めた。この審議会は都道府県ごとに設けられ、労働者代表委員、使用者代表委員、そして中立的立場から弁護士等の士業や学者、ジャーナリストなどが公益代表委員として参加し、厚労省の中央最低賃金審議会が示す目安をもとに引き上げ額を3者で審議する。

神奈川県弁護士会から同会に35年以上所属したことで表彰された（前列右から２人目）。前列左から３人目は、私と同年に神奈川総合法律事務所に入所した福田護弁護士　＝2018年、横浜市内のホテル

同審議会では産業別最低賃金についても審議している。

都道府県ごとに決められる最低賃金は、近年格差が広がっている。大まかな傾向として東京都や神奈川県、大阪府など都市部は高く、地方は低い。２０２３年度の場合、最も高い東京都の時給１１１３円に対して最低の岩手県が８９３円で、差は２２０円だった。神奈川県は東京都に次ぐ高さで１１１２円だった。

ライフセービングとフィンスイミング

議員３期目のとき、ある支援者の方が「知っておくといいよ」と、東海大学のライフセービングクラブ「ＣＲＥＳＴ」を紹介してくれた。

ここで言うライフセービングとは水辺の事故防

日本ライフセービング協会とは議員３期目からの付き合いだ。救助活動のための体力や技術を競い合う、全日本ライフセービング選手権大会の表彰式で（右から２人目）　＝2009年10月、藤沢・片瀬海岸西浜

止のための実践活動で、遊泳者の監視や救助などを指す。日本ライフセービング協会が全国各地のクラブや学生組織を統括しており、技術向上等を目的にライフセービング競技というスポーツもある。

神奈川県はライフセービング活動が盛んで、藤沢・片瀬海岸や横浜国際プールは競技会の会場でもある。例えば、海で行う競技では、溺れている人の役の選手が沖で待機し、救助者役の選手がレスキューチューブを持って泳いで救助に行く「レスキューチューブレスキュー」、砂浜で選手たちが後ろ向きにうつぶせになって待機し、スタートの合図とともに走って人数より少ない数のフラッグ（バトン）を奪い合う「ビーチフラッグス」。プールでの競技では、プールの途中に沈めてあるライフセービング用マネキンを引き上げて、抱えて泳ぐ「マネキンキャリー」など。初めて知った競技ばかりだったが、見ているると興味深く、だんだんはまっていった。

地元の競技会に通ううち、勝つために努力することが人の救助につながること、女性も多く活躍していることを知った。「人を助けたい」という自然な気持ちを、競技という形にしてその技術を磨く。なんてすてきな発想だろう！　勝手に「サポーター」を自称するようになり、現在は同協会の評議員も務めている。

ライフセービングの関係からフィンスイミングというスポーツも知った。フィン（足ひれ）を片足ずつ、あるいは両足で1枚装着して、水面や水中を泳ぐ競技である。こちらも競技会があり、とくに潜水して泳ぐ種目ではあまりの速さにびっくりした。

フィンスイミングは、水中ホッケーや水中ラグビーなどとともに日本水中スポーツ連盟が統括しているが、同連盟の会長を務めていたのが参院議員の羽田雄一郎さんだ。羽田孜元総理の息子さんで、民主党出身なので私も面識があった。フィンスイミングの関係で偶然会って「あなたが会長だったの！」と驚いた。２０２０年の年末に新型コロナウイルス感染症により急逝なさったのは残念でならない。

女性の候補者・議員を増やすには

【なぜ増えないのか】

日本は女性議員の少なさがかねて指摘されている。この問題について少し考えてみたい。

世界経済フォーラムが２０２３年に発表した「ジェンダーギャップ報告書」において、ジェンダーギャップ指数による日本の男女平等度は１４６カ国中１２５位だった。06年の発表開始以来、最低の順位である。分野別に見ると、政治の分野が１３８位という最低クラスで、これが日本のジェンダーギャップ指数を押し下げている最大の要因とされた。22年末の時点で全議員に占める女性の割合は、衆議院9．９％、参議院25．８％、都道府県議会11．８％、市・特別区・町村議会15．９％だという（朝日新聞23年6月5日朝刊より）。24年発表の「ジェンダーギャップ報告書」では日本の順位は少し上がって１４６カ国中１１８位だったが、先進7カ国（G７）の中では依然として最下位、東アジア・太平洋地域では下から2番目である。

議員数もさることながら、そもそも女性の立候補者が少ないことが以前から指摘されている。背景には男女役割分業意識（これは女性の側にも少なからずあると思う）や、政治は男性がやるものという意識が根強いこと、女性は男性に比べ社会活動の経験値やノウハウが総体として少ないことなどがあるだろう。私の初出馬は、前任の竹田四郎さんの「次は女性に」という強い要望に押される形だったが、男性の地方議員で「いや、私が立候補したい」と申し出た人もいたそうだ。議員になってからは、女性候補者・議員の夫に対し「妻を甘やかしている」「妻の勝手な行動を黙認している。男として情けない」などと世間が非難するのを見聞きした。

18年に成立・施行された「政治分野における男女共同参画の推進に関する法律（候補者男女均等法）」は、男女候補者数をできる限り均等とすることを明記するとともに、政党に対し、男女候補者数の目標を自主的に設定することを努力義務としている。だが努力義務なのでなかなか成果は現れていない。政党の中でも取り組みが遅れている自民党の場合、23年時点での女性議員の割合は約12％で、これを今後10年間で30％に上げることを目標にしている。

議員になったばかりのころ　＝1990年ごろ（写真提供＝神奈川総合法律事務所）

同法では、家庭生活との円滑・継続的

な両立を可能とすることを基本原則の1つに挙げているが、報道等を見ると「家庭との両立」の難しさは女性候補者・議員が増えない大きな理由と考えられているようだ（そもそも女性だけが「家庭との両立」を考えなければいけないことがおかしいのだが…）。

私自身は、「女性だから」という理由で議員時代に差別されたり不自由な思いをしたりした経験はない。また、私が議員になった当初は、周囲にいる政党所属の既婚女性議員はすでに子育てを終えた年代の人が多かった。彼女たちの多くはもともと労働組合や何かの団体の役職を務めており、親や夫などのサポートなどを受け、立候補以前から家庭との両立を実現していた。ある意味恵まれた環境の、特別な人が多かったように思う。在任中に結婚や出産をする若い女性議員が登場したのは、私が議員になってだいぶ経ってからの話だ。

現在でも親や夫などによる手厚いサポートがなければ、家庭を持つ女性にとって立候補したり議員活動を行ったりするのはハードルが高い。とくに国会議員は、地元を離れて東京で活動するのでなおさらだろう。私は地元が横浜なので、東京から遠く離れた地元に家族を置いて単身赴任する国会議員の大変さ（「金帰火来」と言われる）に当時は思いが至らなかった。今思うと当時の国会議員に、ごく普通の市民派の女性はほとんどいなかった。

【大胆な制度の導入を】

女性候補者・議員がなかなか増えない現状を変えるには、かなり思い切った制度を導入し、義務や強制にする必要がある。例えば「女性しか立候補できない」「候補者の半数以上が女性でないと、その政党全員の立候補を認めない、あるいは選挙自体が成立しない」など…。これらは極端だとしても、男女の候補者が同数でないと政党にペナルティを与えるなどの制度は実現の可能性がありそうに思う。

フランスの県議会は２０１５年から、男女ペアでの立候補方式を導入している。それまで１人区だった小選挙区をすべて２人区に再編成し、立候補者は男女ペアに限定。有権者はそれらペアの中から１組を選んで投票するのだ。これによりフランス全土の県議会議員は一挙に男女同数を実現した。

イギリスの労働党は「女性指定選挙区」を導入している。同党の支持者が多いなど当選の可能性が高い選挙区を、女性候補者に割り振るしくみだ。これにより女性候補者の当選確率が上がり、女性議員の増加につながっている。

日本ではどうかと言えば、私が議員だった当時はイギリスとは真逆だった。勝算の低い選挙区は男性候補者が出馬を渋るので、「どうせ負けるなら、女性にでも出てもらうか」

という「困ったときの女性頼み」が党内でしばしば見られたのだ。そんな状況でもなければ女性はなかなか党の公認候補にしてもらえなかった。さすがに現在は、こんな考え方をする党はなくなっていると思いたいが…。女性にとっては失礼極まりない「女性頼み」だが、中には「このチャンスを逆手にとってみせる」と挑戦する人もいた。

有権者の1票をどう考えるかなど選挙の設計というのは難しいので、非常に大雑把な提案だが、政党からの候補者に限り（無所属の候補者は女性も多いので）、また、国政選挙の選挙区でなく比例区で、ペナルティを伴う制度を導入してみてはどうだろう。例えばある党の女性候補者が5割以上でない場合、その党全体の得票数から何割かを差し引き、女性候補を5割以上出した他党にそれを上乗せするのだ。地方議会なら、男女それぞれの人数を決めた上で抽選方式で議員を選んでもいいのではないか。女性に対し「自分からもっと積極的に取り組んでほしい」と要望する声もある。だが、女性の意識が変わるのを待つだけでなく、制度を変えてしまえば半ば強制的に「じゃあ、しようがない」と事態が変わっていくのではないか。「しようがない」から始まる変革でもいいではないか。

抽選方式で議員を選ぶというと「えっ？　能力のない人が選ばれたらどうするの」と思う人がいるかもしれない。また、候補者や議員に女性を一定比率で割り当てようという「ク

参院法務委員会で（左端）　＝2006年

オータ制」の導入をめぐっては、「女性だからといって能力不足の人を登用するのは、能力のある男性への逆差別だ」「性別より能力で選べ」という反論が必ず出る。だが、政治における「能力」とは一体何なのだろう。

【国民であることが議員としての能力だ】

日本は「国民主権」の国だ。あなたも私も誰もが主権者であり、政治はあなたや私やみんなのものだ。だが全員が議会に集まることは現実的に不可能なので、選挙で代表を決めて代表同士で議論してもらっている。だからどんな人であれ、国民として社会で生きているというだけで、立候補して議員を務める能力は十分にそして同等に有しているのである。学歴や資格や、優秀かどうかなどは関係ない。

障害を持った人のように、主権者としての能力や権利を行使する上でサポートが必要な人たちはいる。だがサポートが必要というだけで、主権者としての能力は他の人と変わらない。

年齢についてももっと幅を持たせていいと私は考える。地方議会は身近な課題に取り組んでいるのだから、高校生や大学生の議員がいてもいい。高齢者についても、年齢や任期数で上限を決めなくてもいいのではないか。80歳で初出馬して初当選する人がいたら、それまでの経験を活かした貴重な存在になるかもしれない。いつまでも居座って権力をふるう政党所属議員の「老害」問題は解決しなければならないが…。

議会は社会のありようと重なり合うべきものだ。つまり社会そのものを小さくしたものが議会であればいい。老若男女、障害のある人、さまざまなマイノリティーの人々が、実社会と同じように議員として存在するのが議会の本来の姿だと思う。女性候補・議員の増加は思い切った制度の導入によって進めるしかないと思うが、そうした制度導入の根底には「議会は実社会の縮図であるべき」という考えを据えておきたい。

参院本会議で質問に立つ　＝2006年

【意識の変革も】

選挙制度の変革と並行し側面からの働きかけとして、私たちの意識を変えることも必要だ。育児中の女性が立候補すると「母親なのだから育児に専念すべきだ」とか、女性議員が出産や育児で休暇を取ると「職務放棄だ」などと世間から批判される現状では、女性議員はなかなか増えない。女性議員が乳児を連れたままでは議会に出席させてもらえなかった（２０１７年、熊本市議会）ことや、発熱した2歳児の預け先がないのでやむなく議会に連れてきた女性議員が、一般質問の順番を決める抽選会に参加させてもらえず、議会で質問の機会を得られなくなった（２０２３年、豊橋市議会）

こともあった。

意識の変革についても制度の変革同様に、社会を覚醒させるようなかなり大胆なことをやらないとなかなか進まないだろう。例えば、「育児は男性が行う」「女性が外で働き、男性が家庭を守る」と強制的に国が決めてはどうだろう。男性が逆の立場を一度経験すれば、政治の世界に女性が少ない実情や意味を実感として理解できるのではないか。女性候補・議員が増えない大きな理由は、「家庭のこと」を担うのは女性（妻）だという前提が日本の社会に根を下ろしているからだ。この前提の理不尽さや、「家庭との両立」が問題となるのは女性だけという奇妙さを、男性が理解すれば社会は大きく変わると思う。

近年地方議会では、多様な人が議員として活動できるよう議会を夜間や土曜日・日曜日に開催するところが登場している。こうした試みが進めば、女性に限らず会社員なども参加しやすくなるし、抽選や持ち回り方式により誰が議員になってもその職を務められるようになるかもしれない。

国会は地方議会とは少々事情が異なるが、だからといって地元に家庭を持つ議員が男性であれ女性であれ、いつまでも「金帰火来」では無理がある。どうしたらいいのだろうか……。

自分が政治の世界から離れた今思うのは、政治をもっと面白く、豊かな発想でできないものかということだ。内側で争っているのを見せられてもちっとも楽しくない。政治はわくわくさせてくれるようなものであってほしいし、その「わくわく」を目に見えるようにできないものだろうかと思っている。

人権は行使し続けないと保持できない

【国内人権機関の必要性】

議員時代、私の大きなテーマは「人権」だった。その一環として、国内人権機関の設置を要求し続けてきた。

本書で何度か触れた通り国内人権機関とは、1993年に国連総会決議で採択された「国内人権機関の地位に関する原則」（パリ原則）に基づく、人権侵害からの救済と人権保障を推進するための国家機関である。そして、日本政府はこの国内人権機関をまだ設置していない。私は法務大臣就任時に実施したいことの一つに挙げたが、結局できなかったことは先に書いた。早急に設置するべきだ。

国内人権機関には、人権侵害された人の救済はもちろん、人権についての一般の人々の意識が高まる効果もある。例えば人権侵害された人が国内人権機関に救済を申し立てることで、他の人々が「ああいう行為は人権侵害になるのか」「ああいう人は人権侵害されても仕方がないと思っていたが、そうじゃないんだな」と認識を改めるきっかけになる。何もない〝平場《ひらば》〟で人権がどうだこうだと言っても、なかなか意識は変わらない。だがそのための〝場〟があれば、場があること自体が人権への意識・認識が覚醒していくことにつながるだろう。人権意識の啓発、人権教育の推進という役割である。

日本政府は、国内人権機関の必要性をもちろん承知している。国外からも設置を何度も勧告されている。例えば1998年の自由規約（B規約）委員会からの勧告をはじめ人権差別撤廃委員会、女性差別撤廃委員会など日本が加入している国連人権条約の条約実施を監督する各委員会のほか、国連人権理事会などがこれまで勧告を重ねてきた。国際的に見れば、国内人権機関がない国は民主主義国家として欠陥があると思われるほど重要な機関である。

それなのに、なぜいまだに設置されないのか。一つには国の行政機関（省庁）が積極的でないからだ。政策を実質的に動かしているのは省庁（の官僚）だ。だが、人権を侵害している一番大きな主体もやはり省庁だ。刑務所、入管、福祉制度…。2021年3月、不法残留者として名古屋入管に収容されていたスリランカ人女性ウィシュマさんが、必要な医療措置を受けられずに死亡した事件は記憶に新しい。日本における入管収容施設の長期収容や収容者への劣悪な処遇については、自由権規約（B規約）委員会など人権条約に基づき設置された各委員会や、国連人権理事会など国際機関からたびたび指摘され、改善を求められている。つまり、省庁にとって国内人権機関をつくることは、自分の首を絞めるようなものなのだ。

ならば政治が主導したり世論を形成したりすべきなのだが、政治家も積極的ではない。地味な政策なので票にならないからだ。票につながる分かりやすい課題のほうが優先されがちなのだ。また、与党である自民党が設置を言い出すかといえばおそらく言い出さない。野党が提案しても「必要だが今すぐじゃなくていいだろう」と多数決で否定されてしまう。じゃあ野党が政権を取ったときはどうだったかと問われると、当時法務大臣だった私に跳ね返ってくるわけで、忸怩たる思いである…。就任会見で目標として明言したものの、結局は頓挫してしまった。せめて何かにつなげることができればよかったが、それもできなかった。申し訳ない思いでいっぱいだ。次の世代へと順繰りに、みんなで少しずつ進めていくことを願うばかりだ。

閣議後の記者会見で　＝2010年７月、法務省（撮影＝神奈川新聞社）

【人権とは誰もが持っているもの、かつ勝ち取るもの】

人権は誰でも皆、生まれながらに持っているものだ。だから、何らかの義務を果たさない人や犯罪者にも人権はある。義務の不履行や犯罪は罰せられるべきことだが、それらと人権とは全く別の問題だ。例えば納税の義務を果たさないからといって、その人の人権がなくなるわけではない。犯罪者だからといって、その人の人権を無視したり奪ったりしていいわけではない。まして、刑事事件を犯したわけでもない不法入国者・不法滞在者の人権が尊重されるべきであることは明らかである。

人権において問題となるのは、人権と人権が衝突したときどうするか、ということだけだ。フランス人権宣言に「自由とは他者を害しないすべてをなしうるということである」（第4条）とあるのは同じ意味だ（自由権は人権の中で最も基本的な権利である）。他者を害する（その最も重いことが他者の命を奪うことだ）こと、つまり他者の人権と衝突しない限り、その人の人権は制限されない。人権は、何かと引き換えに奪うことができるものではない。

余談だが、最近は何でも「自己責任」だという論調が盛んである。貧困等で困っている他者に対し、自己責任で頑張るべきだと冷たく批判する人もいる。だが、誰しも「生きる」ことですでに十分自己責任を果たしている。それでも、人は自分一人では解決できないことや困ったことに直面する。そうした場合に備えて、社会には共助や公助のしくみが存在している。一人一人の困りごとを社会全体で支え合って解決する、そのために私たちは税金を払っている。だから困ったときは、誰でも共助や公助を受けて当然なのだ。

さて、前述の通り人権は誰もが等しく有しているものだが、不断に行使していなければ、錆びてしまう。人権は「勝ち取る」「奪い取る」ものだと言われる。もともと持っているものではあるけれども、自分のためであれ他者のためであれ、行使することで現実のものとなるからだ。それは大げさなことでなくていい。おかしいと思ったら「おかしい」「それはだめだ」と声を上げるのだ。「ちょっと嫌だけどまあいいか」と我慢したり、「自分のことじゃないからどうでもいいや」「あいつは人権を奪われてもしかたないんだ」などと無視や看過したりしないでほしい。声を上げないでいることは、国民の人権など面倒だと思っている為政者にとって好都合に働く。一人一人が声を上げ続けることでしか、人権は保持することができない。長い歴史を通して人間は人権を獲得してきた。そしてそれを手放さないためには、つねに獲得し続けること、すなわち事あるごとに行使することが不可欠なのだ。

その意味で、何らかの人権侵害があったときにそれを申し出る場や、救済する機関は必要だ。人権を行使するための「しくみ」である。それが国内人権機関なのだ。

宇宙に戻るときまで

私は生まれてからずっと横浜・保土ケ谷に住んでいる。小学校の同級生、とくに男性には同様の人もいて、仕事が一段落する年代に入ったころ「地元で集まって一杯やるか」という話になった。それぞれの奥さまも仲間に入り、普段着の楽しい時間を折々に持っている。

女同士で酌み交わす仲間もいる。筆頭は大学時代の同級生だ。税理士で、私同様、今も現役で仕事を続ける「お一人さま」だ。議員2期目の終わりごろ、親孝行のまねごとでもしようと、彼女はご両親、私は母（父はすでに亡くなっていた）と計5人でオーストラリアに行った。その後、互いの母親を連れ4人でバリ島にも行った。母娘1組だけだと娘が母につききりでないといけないが、2組いれば娘1人が交替で母2人の面倒を見ればいい。母親同士はホテルでゆっくりしてもらい、娘2人で遊びに出かけることもできる。ちょうど、民主党が結成されたり社会党が社民党に改称したりしたころで、友人には「こんなときに海外旅行なんかしていいの」と心配された。なかなかの珍道中だったが、母たちは娘をだしに話が弾んだらしい。後年まで母は「あのときは楽しかったね」と言っていた。この友人とは、互いのボーイフレンドと4人でゴルフなどに行った思い出もある。

彼女をはじめ長年の女友達はオアシスのような存在だ。私の本性や裏の裏まで知っている。「バアサン付き合い」はまだまだ続く。

父は、私の初出馬から数年後にアルツハイマー病を発症し、私と母で数年間在宅介護を

「議員になったことで新しい仲間ができたり、昔の友人が連絡をしてきてくれたりと、個人的にも多くのものを得られました」　＝2023年、横浜市中区の横浜地裁前（撮影＝神奈川新聞社）

した。徘徊したり電車で遠くへ行ってしまったりして、警察のお世話になったこともある。発症後の父とは取っ組み合いのケンカのようなこともしたが、今、父を思うとむしろ心がほっこりするのだ。

父の没後は母と2人暮らしになったが、法務大臣在任中は緊急の場合に備えて、かつて数年間入居していたことのある東京の議員宿舎に久々に入居した。週末は横浜に戻り、母の食事をつくり置きした。父母ともに晩年は周囲の人に随分サポートしてもらったことを、とても感謝している。

２０２４年で私は76歳になった。人

生は、人間が宇宙から来て宇宙へ戻るまでのかけがえのない時間だ。人と人とが交差し合う、彩り豊かな社会であってほしい。今後も弁護士の責務を果たしながら、ご恩返しの気持ちを込めて、「ちょっぴり」だが社会の役に立つよう力を尽くし続けていきたい。自由な時間も楽しみつつ…。

千葉景子　個人年表

年	千葉景子の歩み	世の中の動き
1948年	横浜市で誕生	
1955年	横浜市立桜台小学校入学	
1960年		安保改定反対運動「60年安保闘争」
1961年	横浜国立大学学芸学部附属横浜中学校入学	
1964年	東京学芸大学附属高等学校入学	東京オリンピック開催
1965年		米国がベトナムに本格的に軍事介入（ベトナム戦争始まる）
1967年	中央大学法学部入学	
1968年		全学共闘会議（全共闘）発足
1969年		東大安田講堂事件
1972年		あさま山荘事件
1976年		厚木基地爆音訴訟　第一次訴訟
1982年	弁護士登録〈横浜弁護士会（当時）〉 神奈川総合法律事務所入所	
1986年	参院神奈川選挙区で日本社会党から初出馬、初当選	チェルノブイリ原発事故
1989年		元号が「平成」に

1991年		湾岸戦争
1992年	当選2回目	
1993年		8党連立の細川内閣発足
1994年		自社さ連立で村山内閣発足
1995年		阪神・淡路大震災 地下鉄サリン事件
1997年	民主党に入党	
1998年	当選3回目	
2002年	民主党ネクスト法務大臣	日韓共同開催でサッカーW杯
2004年	当選4回目	
2009年	鳩山由紀夫内閣で法務大臣に就任	衆院選で民主党圧勝 民主党政権発足
2010年	6月、菅直人内閣で法務大臣に就任 7月、参院選で5選ならず 9月、法務大臣退任 10月、「検察の在り方検討会議」座長に選任	
2011年		東日本大震災 東京電力福島第一原発事故
2014年	「日本更生保護女性連盟」会長	
2018年	旭日大綬章受章	
2019年		元号が「令和」に
2020年		新型コロナウイルス感染症が世界的に流行

おわりに

「人権」という課題と向き合い続けてきた。何か高邁な理由や理想があったわけではない。人間は人間らしく生きること、自分は自分らしく生きることが何よりも大事だと私は思っていて、それに欠かせないのが人権だからだ。

人権は、誰もが必ず持っている権利である。国籍や人種、信条や出自等によって奪われることはない（ただし、人権同士が衝突した際の解決方法は考えておかなければならないが）。人権は、人が自分らしく生きようとするとき「理念」から「現実」のものとなる。他者への想像力を持つことによって、「自分だけ」「一部だけ」のものから「人類共通」のものとなる。

近年、日本ではこうした認識が希薄になっているように見える。自己肯定感を持てず自分らしく生きることをあきらめたり、同質性を好み異質なものを排除したり（背景にあるのは想像力の欠如だ）する傾向が強まっていることと関係しているのではないか。一方で難民や入管、在留外国人などを巡る人権問題は前に進まず、存在し続けている。こうした状況を非常に危惧している。

すべての人々が自分らしく生きられる社会。その実現が私の願いだ。私は生ある限り、人権を抱きしめ自分らしく生きていこうと思っている。

さて、今回の連載と書籍化を通して改めて感じたのは、私の人生が実に多くの人に支えられてきたことだ。子ども時代はご近所さんや家に出入りする若者たちに、学生時代は素晴らしい先生方に、弁護士になってからは神奈川総合法律事務所の皆さんに。議員時代は党や支援者の皆さん、投票してくれた市民の皆さん、友人知人、親戚に。そして退任後の現在も、議員時代に「仲間」となった団体や地域の皆さん、事務所のスタッフに…。

参院議員になるなんて想像もしなかったが、こうした皆さんと出会うため私にはこの人生以外なかったのかもしれないとも思う。

皆さんの思いに自分がどれだけ応えられたか考えると忸怩たる思いもあるが、しかし、私のような者がこれほど多くの皆さんに温かく支えてもらってきたこと、そしてその力を得て人間らしい社会をつくる活動の一翼を担えたことは誇りだ。

いずれ宇宙に戻るとき、この宝物を大切に持っていこう。
本書に登場した方々をはじめ、これまで出会ったすべての皆さんに心から感謝申し上げます。

2024年　初夏

千葉　景子

著者略歴

千葉　景子（ちば・けいこ）

1948年５月、横浜市生まれ。71年、中央大学法学部卒業。82年、司法修習終了、弁護士登録（横浜弁護士会〈当時〉）。86年、日本社会党公認で神奈川選挙区から参院選に立候補し、初当選。以後４期を務める。97年、民主党に入党。2009年から10年まで鳩山由紀夫内閣および菅直人内閣で法務大臣。法務大臣退任後、11年まで「検察の在り方検討会議」座長。14年から日本更生保護女性連盟会長。18年、旭日大綬章受章。横浜市在住

わが人生27　宇宙の一瞬をともに生きて―議員、弁護士、…人間として

2024年7月29日　初版発行

著　　者　千葉景子

編集協力　北川原美乃

発　　行　神奈川新聞社
〒231-8445 横浜市中区太田町2-23
電話 045(227)0850（出版メディア部）

ISBN978-4-87645-683-3　C0095

神奈川新聞社「わが人生」シリーズ

8 水族館へようこそ
新江ノ島水族館館長 堀 由紀子

9 横浜中華街 街づくりは たたかいだ
萬珍樓社長 林 兼正

10 ヨコハマ邂逅《かいこう》 ものづくり企業の挑戦
神谷コーポレーション会長 神谷 光信

11 生かされて生きる 「捨ててこそ」の実践
時宗法主、遊行74代 他阿 真円

12 「未知」という選択 世界のレオ 創造の軌跡
物理学者・横浜薬科大学学長 江崎玲於奈

13 郷土を愛する心 社会奉仕に生涯を
神奈川県観光協会会長・川崎港振興協会会長 斎藤 文夫

14 学ぶ力 働く力 生き抜く力
学校法人柏木学園学園長 柏木 照明

神奈川新聞社「わが人生」シリーズ

22 公に尽くす
元衆院議員（大蔵大臣・財務大臣） 藤井 裕久

23 わが駅伝人生にゴールなし
東京国際大学特命教授 駅伝部総監督 横溝 三郎

24 貝と漆 横浜芝山漆器と七十年
芝山漆器職人 宮崎 輝生

25 克己と感謝と創造 ―起業家人生を貫く信念
アルプス技研創業者 最高顧問 松井 利夫

26 縁と恩に有り難う
株式会社 潮 創業者 田中 俊孝

※肩書は出版当時のもの